커피 로드
Coffee Road

커피는 어떻게 세상에서
가장 사랑받는 음료가 되었을까

라니 킹스턴 저 / 황호림 역

gestalten   YoungJin.com Y.
영진닷컴

커피는 어떻게 세계에서 가장 사랑받는 음료가 되었을까?

이것은 아프리카에서 온 한 열매의 씨앗이, 컵에 담겨 수 세기 동안 사랑받아 온 것에 관한 모든 이야기이다.

커피에 대한 주제는 지난 수십 년 동안 광범위하게 탐구되어 왔다. 산지 특성을 지닌 스페셜티 커피 원두를 판매하는 카페는 전 세계 도처에서 찾아볼 수 있고, 커피 생산국에서는 커피 농장 관광이 시작되었다. 그러나 커피에 대한 이해와 평가가 급증했음에도 불구하고 커피 문화에 대한 초점은 커피의 과학적 측면, 원산지 이야기, 스페셜티 커피 또는 에스프레소에 한정되어 매우 협소한 경우가 많다.

에스프레소 중심의 커피 문화가 무대의 중심을 차지하면서, 이와는 다르게 풍부하고 다양한 맛을 가진 커피 문화는 주변부로 밀려나 잘 다루어지지 않았다. 에스프레소 커피는 곧잘 고품질의 대명사로 여겨지지만, 똑같이 맛있고, 능숙하게 만들어지고, 전문화되고, 문화적으로도 중요한 다른 스타일의 커피도 많다. 에티오피아에서는 여성들이 신선한 생두를 볶는 향이 퍼져나가면 사람들이 모닥불 주위에 둘러앉아 이를 즐기는 의식을 치른다. 인도의 향신료와 커피 농장 근처의 커피숍에서는 커피를 추출하기 전에 신선한 카다멈 꼬투리를 갈아서 커피에 넣는다.

사람들의 음식 문화에 깊이 자리잡을 만큼 커피의 비중이 커지면서, 전 세계 사회와 음식 문화는 커피의 이동 경로에 따라 바뀌었다고 해도 과언이 아니다. 브루잉 스타일, 사용하는 원두 및 레시피 등은 모두 문화적, 기후적, 정치적, 농업적 측면의 영향을 받는다. 커피 레시피를 공유한다는 것은 한 사회의 이야기를 펼쳐놓는 것과도 일맥상통하는 것이다.

베트남 커피는 예멘의 커피와 다르게 보일 수 있지만 전 세계적으로 사랑 받은 그 커피와 틀림없이 동일한 맛을 가지고 있고 우리를 하나로 묶는 데 도움을 준다. 커피는 우리가 속하지 않은 생소한 문화나 시대에 대해 배울 때 공통분모 역할을 할 수 있다.

커피는 또한 우리와 밤의 관계를 변화시켰다. 카페인의 각성 효과는 우리가 하루 중 더 많은 시간을 우리 자신의 시간으로 사용할 수 있게 해준다. 예멘의 수피교도들은 커피를 마시고 기도로 밤을 지샐 수 있었고, 오늘날 바쁜 직장인과 학생들의 노력에도 힘을 더해준다. 16세기 이스탄불의 커피하우스는 야간 활동과 오락을 장려했다. 커피 소비는 야간 소비 증가로도 이어졌다.

커피하우스는 또한 카이로에서 런던, 서울에 이르기까지 정치적 혼란의 시기에 저항 운동의 중추적인 역할을 했다. 식민주의, 제국주의, 정복, 관광은 커피 재배와 문화를 확산시키는 데 일조했다(베트남 하노이의 파리지앵 스타일 카페 참조). 전쟁이 벌어졌고, 사회가 형성되었고, 사람들은 노예가 되어 전 세계로 끌려가 농장에서 일하게 되었고, 그 후손들의 이야기는 영원히 바뀌었다. 가족들은 커피 재배로 그들의 행운을 시험하기 위해 이주했고, 도시는 커피 무역을 지원하는 항구 주변에 분주하게 건설되었으며, 이 도시들은 오늘날에도 여전히 존재한다.

커피의 도입이나 생산을 통해, 커피가 사회와 환경에 어떻게 해로운 영향을 주었는지에 주목하는 것도 중요하다. 너무나 많은 커피 생산국이 여전히 부유한 소비국이나 다국적 커피 무역업자 및 로스터에게 현대식 식민 지배를 받고 있다. 전 세계적으로 커피 근로자들은 근무 조건, 임금 및 생활 조건 등의 공정성과 관련하여 심각한 문제에 시달린다. 커피 생산은 역사의 상당 기간 동안 노예 제도 아래에서 이루어졌다. 자급자족하던 많은 농부들은 식민지 주인에게 수출 작물

을 제공하기 위해 플랜테이션 스타일의 농업을 강요당했다. 아동 노동은 흔한 일이었다(일부 국가에서는 여전히 그렇다).

계몽주의 작가 베르나르댕 드 생 피에르(J.H. Bernardin de Saint Pierre)는 1773년에 출판된 저서 《프랑스 섬, 부르봉 섬, 그리고 희망봉을 향한 항해(A Voyage to the Isle of France, the Isle of Bourbon, and the Cape of Good Hope)》에서 다음과 같이 썼다. "나는 커피와 설탕이 유럽의 행복에 필수적인지는 모르겠지만, 이 두 제품이 세계의 위대한 지역 두 곳의 불행을 설명해 왔다는 것을 잘 알고 있다: 미국은 커피와 설탕을 심을 땅을 갖기 위해 인구가 줄었고, 아프리카는 커피와 설탕을 경작할 사람들을 제공하기 위해 인구가 줄었다."

오늘날 많은 국가, 경제 그리고 약 1억 2500만 명의 사람들이 생계를 커피 재배와 수출에 의존하고 있다. 우리는 이 책의 여러 챕터에서 커피 생산에 대한 의존이 어떻게 막대한 이익과 막대한 손실을 가져왔는지를 볼 것이다. 기후 변화, 커피 녹병 등은 이미 많은 커피 재배 지역을 황폐화시켰다.

미래를 말하자면 생산국은 또한 커피 재배 지역의 잠재적인 지리적 재분배에 직면하게 되며, 삶과 문화가 땅과 얽혀 있는 농부들은 사회경제적 재앙을 얻게 된다. 탄자니아 커피위원회(Tanzania Coffee Board)는 기후 변화로 인해 아라비카의 성장 최소 고도가 높아지면서, 농업 이주로 인해 생태계가 손상될 수 있다는 우려를 표명했다. 이는 전 세계 커피 재배 지역의 사람들이 직면한 문제 중 일부에 불과하다.

커피의 미래를 보장하기 위해 과학계는 많은 사랑을 받는 이 작물을 보호, 보존 및 개발하여 앞으로 수 세기 동안 우리가 매일 매일 즐길 수 있게끔 끊임없이 노력하고 있다. 과학자들은 새로운 종을 발견하고 농부들과 협력하여 농작물의 지속 가능성을 높이고 다양한 기후에 잘 적응하는 품종을 테스트 및 육종하고, 미래에 커피나무를 심을 최적의 지역을 결정하기 위해 전체 국가 지도를 작성하는 데 집중하고 있다. 그들의 최근 프로젝트는 기후 변화가 진행됨에 따라 커피에 일어날 일을 모델링하고 솔루션을 구축하는 데에 중점을 두고 있다.

사람들이 커피를 소비 하는 방식은 그들의 역사, 그들이 어디에서 왔는지, 그들의 무역 및 국제 관계에 대한 지역적 역사, 그들의 취향과 선호도, 그들에게 노출된 영향들은 무엇인지 등 그들이 누구인지에 대해 많은 것을 말해준다. 전 세계 사람들은 아프리카에서 가져 온 과일의 씨앗으로 자신의 아이디어, 기술 및 현지 재료를 통합하여 자신의 것으로 만들었다.

커피는 단순해 보이지만 다양한 차원을 가진 주제이다. 이를 더 잘 이해하기 위해 기본 사항을 설명하는 것으로 여행을 시작하겠다. 우리는 커피나무를 심고, 어떻게 수확 및 가공하는지에 대해 소개하고, 어떻게 완벽한 한 잔의 커피를 추출하는지에 대한 핵심 지식을 공유하려고 한다.

커피 문화에 대한 다음 이야기들은 다양성과 혁신을 세상에 선보인다. 그들은 단지 우리의 세상이 얼마나 상호 연결되어 있는지, 그리고 어떻게 고작 하나의 열매일 뿐인 이 커피가 종교, 정치 및 지리적 장벽을 연결하는 데 도움이 되는지 탐구한다. 이 이야기를 통해 여러분은 당신의 주방에서 편안하게 세계를 여행할 수 있으며, 세계의 러시피를 스스로 만들고 즐기는 방법을 배울 수 있을 것이다.

《커피 로드》는 커피 생산자로서의 역할뿐만 아니라 커피 소비자로서의 각 국가의 입장을 탐구하려고 한다.

이를테면, 당신은 왜 이 책의 많은 장에서 한 국가의 재배 지역, 가공 스타일 또는 수확 기술에 대한 주요 세부 사항을 생략했는지 궁금할 것이다. 이것은 많은 커피 서적과는 다른 뚜렷하고 의도적인 전환이다. 이 책의 많은 글은 소비자가 좋아하는 원두를 찾거나 커피 전문가가 커피 원산지에 대한 정보를 더 많이 발견할 수 있도록 돕기 위해 쓰였다. 커피와 커피를 생산하는 국가에서 이뤄지는 대화의 많은 부분은 다른 장소에서 소비될 상품을 위한 한 국가의 경작에 초점을 맞추고 있다.

《커피 로드》는 아프리카에서 온 한 열매의 씨앗이 어떻게 전 세계 사람들의 마음을 사로잡았는지, 그리고 어떻게 그들만의 독특한 요리 문화로 환영받는지에 초점을 맞춘다. 따라서 이것은 기존 커피 아카이브에 추가할 수 있는 훌륭한 추가 정보이면서, 이제 막 커피를 시작하는 사람이 접근하기 쉬운 소재이기도 하다. 대부분의 레시피는 쉽게 할 수 있으며 장비도 매우 간단하다. 경험이 많은 커피 브루어들은 이 책의 많은 레시피들을 기초로 하여 자신이 선호하는 커피 브루잉 방법으로 재해석하거나 또는 좋아하는 원두로 추출할 수 있으며, 독특하고 풍미 가득한 브루잉을 경험하기 위해 작은 각색을 해도 좋을 것이다.

이 책의 레시피는 미터법과 영국식으로 나열된 측정 범위를 사용하며 일부는 중량, 일부는 부피를 기준으로 한다. 커피는 일반적으로 무게 측정과 미터법을 사용하여 전문가가 추출한다. 그러나 레시피가 전통적으로 정확성을 요구하지 않는 경우, 독자의 편의를 위해 컵과 스푼으로 단순화했다.

정확성이 요구되는 레시피의 경우 중량 측정이 자주 사용된다. 액체에 대한 무게 측정값(즉, 밀리리터 대신 그램, 액상 온스 대신 온스)도 찾을 수 있다. 이러한 레시피의 경우 올바른 추출과 정확한 풍미를 위해 저울을 사용하여 추출해야 한다.

이러한 레시피에 선호되는 측정법은 미터법이다. 영국식 시스템은 소량의 분쇄 커피에 대한 정확도를 허용하지 않기 때문이다. 정확한 미터법 저울이 없는 경우(또는 분쇄 커피를 측정하기 위해 숟가락을 사용하는 것을 선호하는 경우)의 편의를 위해 레시피에 대략적인 미국식 테이블스푼 단위도 나열되어 있다.

정확성이 필요하지 않은 레시피의 경우 전체 레시피가 표준 미국 컵 및 스푼 단위로 단순화되었다. 영국 또는 호주 크기의 컵 또는 큰 스푼을 대신 사용하는 것도 괜찮다.

이상적으로는 정확한 저울(0.1g의 정확도)을 사용하는 것이 좋다. 분쇄 커피의 1테이블스푼은 약 5g(평평하게 깎아 담은 경우, 이하 작은테이블스푼), 또는 7g(가득 담은 경우, 이하 큰테이블스푼)이다.

라니 킹스턴(LANI KINGSTON)은 커피, 초콜릿 및 지속 가능한 식품에 중점을 둔 식품 저술가, 연구원 및 컨설턴트이다. 그녀는 식품 연구 및 교육 석사 학위, 영화 및 텔레비전 학위, 바리스타 및 제빵사 자격을 보유하고 있다. 라니는 수년 동안 전 세계 여러 나라에서 거주하고 여행하면서 현지 커피 문화와 전통을 깊이 탐구했다. 세 번째 커피 도서인 이 책은 수년간의 연구를 요약하고 놀라운 커피 문화에 경의와 존중을 보내기 위한 것이다.

역자 커피 선생 황호림은 대한민국에서 커피 전문 서적을 가장 많이(10권) 집필한 커피전문가다. 한국커피과학 커피 로스터, 커피아카데미 원장, 전국 커피인들의 모임인 CRAK 부회장 등을 역임하고 있으며 후학을 양성하고 커피 문화를 전파하는 데 앞장서고 있다.

지만 그만큼 더 강렬한 맛과 쓴맛이 특징이다. 이탈리아 에스프레소 블렌딩에 사용되는데 이는 로부스타가 더 풍성한 크레마를 만들기 때문이다(254페이지 참조).

당신이 커피에 대해 알아야 할 모든 정보

이 책 안에 있는 많은 레시피를 성공적으로 만들기 위해서는 커피에 대한 기본 상식과 추출 기술에 대해 알아야 한다.

이 책에서는 커피를 생산하는 많은 나라와 지역을 다룬다. 커피의 독특한 특성과 재배 지역에 따른 맛과 향의 프로파일이 어떻게 다른지에 대한 것은 상세히 설명한 책이 많으니 참고하도록 하고, 이 책에서는 각 나라 커피 소비자의 입장에 초점을 맞췄다.

비록 각 나라의 추출 방법과 문화에 따라 다른 레시피를 공유하는 것이 핵심이지만, 커피 자체가 어디서 재배되고, 어떻게 수확되고, 어떤 품종의 커피이며, 어떻게 볶는지에 따라 달라지는 것은 중요하다. 아래는 각 레시피에 맞는 최고의 커피를 고르는 방법을 요약한 것이다.

아라비카(arabica)는 탁월한 향미와 뛰어난 품질로 훌륭한 표준으로 여겨진다. 스페셜티 커피의 대부분은 아라비카지만, 그 안에 각각의 품종 차이에서 오는 독특한 맛, 낮은 카페인 수치, 특정 기후에 대한 적합성 또는 질병 저항성 때문에 관심이 증가하고 있다. 일반적으로 아라비카는 과일과 꽃의 향미를 포함해 베리, 초콜릿, 견과류 향이 나며 높은 당을 함유하고 있다.

커피 식물학

꼭두서니과는 꽃이 피는 식물과의 하나로 코페아속이다. 코페아속에는 100종 이상의 식물이 있지만 커피 소비와 관련된 것은 극소수다. 아라비카와 카네포라(흔히 말하는 로부스타)는 상업적으로 가장 중요한 두 종이다.

카네포라(canephora)종은 전 세계 많은 소규모 농장들에게 인기있는 품종이다. 아라비카보다 적은 비용으로 재배가 가능하며, 질병에 강하고, 날씨에도 잘 적응해 집중적인 유지 및 관리가 필요하지 않다. 로부스타(robusta)라고도 하는 이 종은 당 성분이 적고 카페인 성분이 많아 해충에 강하

리베리카(liberica)종은 전 세계 재배 물량의 아주 작은 부분을 차지하지만 상업적으로 중요한 세 번째 품종이다. 다른 품종들과 마찬가지로 아프리카가 원산지이지만 주로 동남아시아에서 재배되며, 1800년대 말 아라비카의 곰팡이병

대안 품종으로 소개되었다. 리베리카는 스모키한 맛이라고 묘사될 정도로 다른 두 품종에 비해 굵직한 자연의 맛을 가지고 있다.

품종과 재배종

당신은 원두의 세계를 탐험하면서 이 두 용어를 만나게 될 것이다. 각각의 커피종들은 세계로 퍼져 나가면서 많은 품종을 탄생시켰다. 품종과 재배종이라는 용어는 종종 혼용되지만, 품종은 커피종 그 자체를 말하고, 재배종은 인간의 상호작용에 의해 전파된 커피를 말한다. 여기에 더해 상업적으로 생산되지는 않더라도 자연적으로 발생하는 야생과 하이브리드 품종도 있다.

앞서 소개한 품종에는 많은 하위 품종들이 있다. 티피카(Typica)는 가장 오래된 아라비카 품종으로 예멘을 떠나 인도 말라바르 해안과 인도네시아 자바섬에서 재배된 최초의 커피다. 아라비카의 원종 중 하나인 부르봉(Bourbon)은 복잡하고 균형잡힌 향미가 특징으로 인도양 일대의 부르봉(현재 레위니옹)섬에서 따온 이름이다.

카투라(Caturra), 카투아이(Catuai), 문도노보(Mundo Novo)는 부르봉과 티피카의 교배종으로 병충해에 저항성이 높고 높은 수확량과 좋은 향미를 자랑한다. 게샤(gesha)는 품질과 맛으로 사랑받는 품종으로, 커피 경매에서 가장 높은 가격을 받는 것으로 유명하다. 커피 경매는 생두(254페이지 참조)를 전 세계 로스터와 구매자들에게 판매하는 시스템이다.

커피콩

커피콩은 사실 코페아속의 많은 식물에서 맺는 열매인 커피체리의 씨앗이다. 밝은 빨강색을 띤 커피체리를 수확해 가공하여 씨앗을 얻는다. 전 세계 생두 생산량 중 4~5%는 피베리(257페이지 참조), 커피체리 안에 한 개의 씨앗이 들어있는 경우가 차지한다. 커피체리에 전해지는 모든 성분을 하나의 씨앗이 차지하기 때문에 일부 사람들은 더 좋은 맛을 가지고 있다고 생각한다.

어디에서 커피가 자랄까

커피는 적도를 중심으로 북위 25도, 남위 30드 사이의 열대기후에서 자라며 전 세계 70개 이상의 국가에서 재배된다. 이 지역을 커피벨트라 부르고 있으며, 평균 20℃의 온도와 비옥한 토양, 적당한 햇빛, 충분한 강수량을 확보한 지역이다.

커피 수확

커피는 농장의 크기, 지형의 평탄성, 커피 품종, 지역 경작 방식에 따라 다르게 수확된다. 많은 큰 농장들은 수확 기계나 농장 노동자들이 한번에 모든 체리를 수확하는 스트립키핑 방법을 사용한다. 잘 익지 않은 콩은 수로나 부유탱크 같은 다양한 방법을 사용해 걸러내고 성숙한 체리만 분류한다. 농장이 매우 크고 평평한 지형인 브라질에서는 수확 노동자를 고용해 비용을 지불하며 완전히 익은 체리를 골라내는 것보다, 기계로 한번에 수확한 다음 덜 익은 체리를 버리는 것이 효율적이라고 생각한다.

선별 수확은 많은 스페셜티 생산자, 소규모 농가 또는 언덕이 많고 바위가 많거나 산악 지형이 많아 기계 접근이 어려운 농장 등에서 사용하는 수확법이다. 이 방법은 체리가 완전히 익었을 때만 수확하기 때문에 더 높은 품질의 커피를 얻을 수 있다. 익지 않은 나머지 체리들도 다 익을 때까지 기다려 반복 수확하기 때문에 모든 커피를 가장 잘 익었을 때 수확하는 방법이다.

가공 방법

전 세계 대부분의 커피 농장에서 사용하는 두 가지의 가공법이 있다. 내추럴 가공이라고 알려져 있는 건식법은 물이 부족하거나 농부들이 비싼 기계를 살 여유가 없는 지역에서 사용한다. 체리를 햇볕에 말리면서 발효를 시키고 수분 함량이 10~12%가 될 때까지 며칠, 혹은 몇 주에 걸쳐 뒤집기를 반복한다. 그 다음 도정기에 넣고 겉껍질과 파치먼트를 한꺼번에 벗겨낸다.

워시드 가공이라고 알려진 습식법은 많은 물과 특별한 기계가 필요하다. 커피체리를 물에 담가 분리한 뒤 펄핑기라 불리는 움직이는 프레스에 넣어 과육을 분리해 낸다. 이렇게 하면 끈적끈적한 점액질에 쌓인 콩이 나오는데 이 점액질을 분해하기 위해 발효탱크(때로는 기계로 점액질을 제거하기도 한다)에 넣어 발효 과정을 거친다. 그 후 콩을 씻고 건조시켜 수분 함량을 10~12%로 맞춘다.

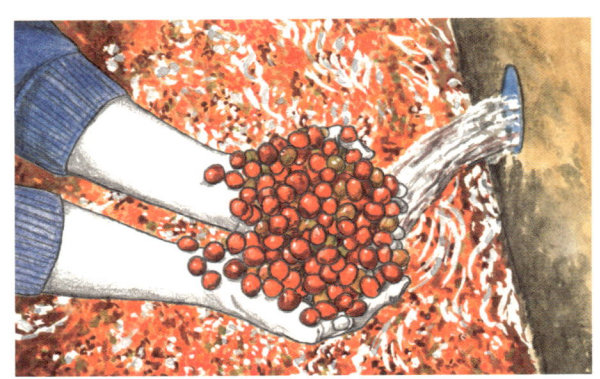

다른 가공법은 스페셜티 커피 생산자에게 인기가 많은 세미워시드(반습식) 가공법이다. 펄프드 내추럴(반건식) 가공법 또는 허니드 가공법이라고도 불린다. 반습식 가공법은 워시드 가공법에서 발효 과정을 생략한 것으로, 커피체리의 과육을 벗긴 후 점액질을 물로 씻어낸 다음 바로 건조하는 방법이다. 펄프드 내추럴 가공법은 커피체리 과육을 벗겨낸 후 점액질이 묻은 생두를 그대로 햇볕에 말리는 방식이다. 단맛을 높이고 신맛을 줄이는 방법으로 알려져 있다.

많은 농부들, 생산자들, 지역들은 위의 기본적인 가공법을 변형하여 그들만의 특별한 커피 가공 방법을 고안한다. 어떤 농부들은 와인 제조에 사용되는 탄소침용법이라는 기술을 실험적으로 활용해 독특한 향미 프로파일을 가진 그들만의 커피를 생산하고 있다. 이 방법은 밀폐된 통에 커피와 과일을 넣고 이산화탄소를 채워 밀봉해 발효시켜 커피에 독특한 과일이나 와인의 향미를 만들어 내는 방법이다.

커피 로스팅

볶기 전의 커피는 일반적으로 생두(254페이지 참조)라고 불린다. 로스팅은 커피콩 안의 맛과 향을 풀어주는 열쇠다. 로스팅 과정 동안 커피 원두 안에서는 복잡한 화학반응이 일어난다.

생두는 방향족화합물을 25개 이상 함유하고 있는 반면, 로스팅 커피는 800개 이상을 함유하고 있다. 이 방향족화합물들은 아미노산, 당, 펩타이드, 그리고 단백질로 구성되어 있다. 이 물질들은 로스팅 과정에서 결합, 생성 또는 파괴된다.

커피는 아주 밝은 색에서부터 아주 어두운 색까지 다양하다. 다른 음식과 마찬가지로 콩을 오래 로스팅할수록, 높은 열을 가할수록 더 어두운 색을 띤다. 일반적으로 로스팅이 진할수록 커피의 쓴맛이 강해지고, 색이 연할수록—즉 로스팅이 약하면 커피의 산도가 높아진다.

원두의 색이 진할수록 더 많이 로스팅했다는 가정 하에 로스트 레벨을 판단하지만, 같은 로스트 레벨로 볶았다고 할지라도 커피 품종에 따라 다르게 보일 수 있음에 유의해야 한다. 예를 들어 수마트라 커피는 색상이 꽤 옅어 보이는 경향이 있으며, 실제로 더 많이 로스팅해도 다른 종류의 콩을 가볍게 로스팅한 것과 유사한 정도다. 로스팅 시간이 길면 콩 내부의 지질 성분이 표면으로 배출되기 때문에 콩이 반질반질해진다. 이런 콩은 겉모습만 보고도 강하게 로스팅했다는 것을 정확하게 판단할 수 있다.

다양한 책에서 추천하는 레시피대로 로스트 레벨을 사용해 보라. 당신이 가진 모든 것을 활용해 적절한 로스팅 방법을 찾으면 커피 본연의 맛과 향을 이끌어 낼 수 있다.

생두

로스팅하지 않은 커피이다.

골든/브론즈

콩의 수분을 제거한 정도의 아주 옅은 로스트 레벨이다. 걸프 국가의 아랍커피가 여기에 해당된다. 특징은 차, 구운 곡물, 가볍고 부드러움.

라이트

커피의 품질이 높아짐에 따라 점점 더 보편화 되고 있는 연한 갈색의 로스트 레벨이다. 진한 로스팅은 콩의 내부까지 로스팅의 향미를 전달하는 반면, 라이트 로스팅은 커피 자체의 고유한 맛을 발현시킨다. 특징은 화사함, 과일 향미, 높은 산도, 꽃 향기.

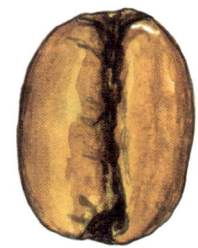

미디엄

아메리칸 로스트로 불리기도 하는데, 미국에서 사랑 받기 때문이다. 커피가 미디엄-다크 단계를 넘어가면서 원두 걸면에 윤기가 나기 시작한다. 특징은 초콜릿, 견과류, 달콤함, 풀바디, 균형감.

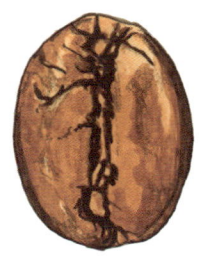

다크

다크 로스트의 범위는 미디엄-다크 단계가 지나고 검게 그을린 단계를 말하는데, 오래 볶아 쓴맛이 증가하는 단계다. 다크 로스트 원두는 수분 손실이 많아 무게가 덜 나간다. 만약 무게가 아니라 부피로 측정하면 약간 가볍게 느껴질 것이다. 특징은 묵직함, 풍부함, 낮은 산도, 카라멜.

코피/토레펙토/카페 토라도

동남아시아, 스페인, 라틴 아메리카 등에서 흔히 볼 수 있는 콩에 설탕을 입힌 것이다. 때로 커피콩에 마가린이나 버터를 코팅하기도 한다. 특징은 쌉쌀함, 무거움, 진함.

커피콩 선택하기

에스프레소 블렌드, 싱글 오리진, 아라비카, 로부스타… 커피 종류에는 셀 수 없이 많은 선택지가 있다. 어떤 커피가 제일 맛있을까? 정답은, 당신이 선택하는 커피. 그것이 바로 이 책의 목적이다. 아침 커피를 위한 정답 같은 건 없고, 오로지 개인적인 취향이 중요하다. 만약 당신이 과테말라 라이트 로스트 커피의 팬이라면 이 책의 많은 레시피에 이 커피를 사용할 수 있다. 진한 이탈리아 에스프레소 블렌드는? 그것도 좋다.

하지만 일부 레시피에서는 특정한 커피 원두를 요구하기도 한다. 만약 콩의 스타일에 로스트 또는 블렌드 항목들이 나열되어 있다면 그 레시피에 중요한 요소라는 것을 알 수 있다. 예를 들어, 치커리는 남인도의 전통적인 필터 카피의(98 페이지 참조) 향미와 적절한 추출을 위해 필요하다(치커리는 커피보다 물을 더 오래 함유해 훨씬 더 강한 달임 효과를 낸다). 물론 다른 콩과 함께 다른 레시피를 시도할 수 있겠지만, 결과도 달라질 것이라는 점에 유의하길 바란다.

커피 분쇄

분쇄된 커피를 사는 것보다 원두를 사서 직접 분쇄하는 편이 커피를 더 잘 즐길 수 있다. 갈아서 추출 준비가 끝날 때까지 향미가 사라지지 않게 해 준다. 커피 원두는 가급적 신선할 때 갈아서 바로 사용하는 것이 좋다. 커피 분쇄기는 버(burr)와 블레이드(blade) 두 종류가 있다. 블레이드 그라인더는 저렴하지만, 오래 갈면 미분이 많아진다. 관련 지식을 잘 알고 있고 타이밍을 잘 맞춰야 적절한 수준으로 갈 수 있다. 또한 블레이드 그라인더는 잘게 갈기 때문에 고르게 분쇄하기 힘들고 미분도 많이 생긴다. 또한 에스프레소용이나 튀르키예식 추출을 위한 아주 가는 분쇄에는 적합하지 않다.

버 그라인더는 커피 전문가들이 선호하는 방식이다. 이 그라인더는 사용자가 버의 간격을 설정할 수 있어 균일하게 분쇄할 수 있다. 커피 초보자의 경우, 이 그라인더가 비싸긴 하지만 사전에 미세 분쇄, 중간 분쇄, 굵은 분쇄를 설정해 적절한 분쇄를 할 수 있도록 도와준다. 커피 한잔을 추출하는 데 있어서 올바른 분쇄도의 중요성은 무시할 수 없다.

자신의 장비에서 올바른 설정을 찾기 위해서는 약간의 시행착오는 각오해야 한다. 제대로 실현하려면 약간의 실험 정신이 필요하다보니 처음에는 조금 더 싼 커피 원두를 사용해도 좋다.

가장 먼저 그라인더를 가장 곱게 가는 것으로 세팅하고, 커피를 조금 갈아본다. 이때 커피가 나오지 않으면 조금 더 굵게 세팅한다. 가장 곱게 갈고 나면, 간 커피를 손가락으로 문질러 보라. 에스프레소에 사용되는 분쇄도는 밀가루와 소금 사이 정도이다. 만약 슈가 파우더의 느낌이 난다면 잘 된 것이다. 당신의 그라인더가 아주 미세하게 갈 수 있다면 튀르키예식 커피도 충분히 추출할 수 있다. 아주 가는 분쇄부터 시작해서 중간 굵기, 아주 굵은 굵기까지 조절해 나갈 수 있다.

이 부분은 대부분 취향에 달려 있다. 중간에서 굵게 갈은 커피는 오래 담가 추출하는 방식에 사용되고(16페이지 참조), 당신의 선택에 따라 이 굵기 선택이 가능해진다. 물론 커피 맛의 요소는 추출수의 온도, 추출 시간, 커피콩의 신선도, 그 외의 많은 요소에 영향을 받는다.

책을 통해 분쇄도에 대해 배우는 것이 어려울지 모르지만, 만약 분쇄가 너무 굵게 된다면 과소 추출이 되어 전체적으로 커피 맛이 약해지기 때문에 분쇄도를 섬세하게 조절하는 방법을 알아야 한다. 과소 추출된 커피는 산의 날카로운 신맛이 날 것이고, 추출된 커피의 색도 옅을 것이다. 반대로 분쇄도가 너무 미세하면 과다 추출이 된다. 과소 추출된 커피는 색이 진하고, 매우 쓰고, 재의 느낌이 나며 단맛과 카라멜의 느낌, 과일의 향미를 대부분 잃어 버린다.

커피 계량

커피 전문가들과 바리스타들은 보통 재료를 측정하기 위해 미터법과 정밀한 저울을 사용한다. 커피 추출에 필요한 작은 요소들을 도량형으로 정확하게 측정해 내기는 어렵다. 만약 당신이 도량형 저울이 없다면 컵, 테이블스푼, 티스푼 같은 미국식 방법을 이용해도 된다.

정확성이 요구되는 레시피의 경우 무게를 측정해야 한다. 정확성이 요구되지 않는 레시피라면 표준컵과 테이블 스푼으로 단순화하면 된다. 이러한 측정 도구들로 표준 영국/미국 사이즈 컵을 사용하든 테이블스푼을 사용하든, 부피는 다르겠지만 상관없다.

분쇄된 커피의 표준 무게가 정리되면 테이블스푼으로 측정한 값도 정리가 가능해진다. 1테이블스푼의 양에 대해서는 주장하는 바가 다양하지만 이렇게 정리하자. 분쇄 커피의 1테이블스푼은 약 5g(평평하게 깎아 담은 경우, 이하 작은테이블스푼), 또는 7g(가득 담은 경우, 이하 큰테이블스푼)이다.

커피 추출수

대부분 커피 추출에 사용되는 물은 끓인 지 1~2분이 지난 물이다. 무게를 측정하는 것과 마찬가지로, 정확성을 요구하지 않는 전통적인 방법대로 온도 지정 없이 뜨거운 물로 서술한다. 간단하게 끓인 후 30~90초 정도가 지난 물이라는 뜻이다. 너무 까다롭게 굴지 말자.

어떤 레시피들은 물의 온도를 지정하기도 한다. 이러한 레시피들은 성분의 정확한 무게와 전통적인 정확성을 요구하는 것들이다. 당신은 이러한 노트들을 무시하고 언제든지 커피를 추출할 수 있지만 정확한 레시피를 따른다면 최고의 맛을 얻을 수 있을 것이다.

그렇다면 수온을 측정하기 위해 매번 온도계를 사용해야 할까? 항상 그렇지만은 않다. 물의 부피, 끓이는 방법, 주변의 온도에 따라 물이 식는 속도가 다르지만 당신의 주변 상황에 맞게 테스트 해본 후 이 결과를 다음 번 추출 때 사용하면 더 쉬워진다.

표준화된 기구에 물을 끓이고 온도계로 측정한다. 물의 끓는점은 100°C(212°F)지만 고도가 높아질 경우 끓는점이 낮아진다. 30초 후 다시 물의 온도를 측정한다. 시작 온도와 30초 후의 온도 차이가 냉각속도다. 커피 추출에 96°C (205°F)의 물이 필요하고 냉각속도가 30초당 4°C라는 것을 알고 있다면, 다음 번에는 물이 끓은 후 30초 후에 사용하면 된다.

커피 추출

대부분의 커피 장비의 추출법은 압력, 침지, 끓임, 여과 중 하나 이상을 사용한다.

끓임 방식(사실 완벽한 용어는 아닌 것이, 커피를 팔팔 끓이는 법은 거의 없다)은 커피와 물을 넣고 원하는 맛이 나올 때까지 끓이는 방식이다. 담그기라고 알려진 침지방식은 뜨거운 물에 커피가루를 섞어서 일정 시간동안 담가 두는 방식이다. 압력법은 에스프레소 머신과 같이 원두에 고압의 물을 통과시켜 추출하는 방법이며, 여과는 종이, 천, 금속으로 만든 필터에 커피가루를 담고 물을 통과시켜 추출하는 방법이다.

많은 커피 브루어들이 위 방법 중 하나 또는 두 가지 정도를 사용할 것이다. 예를 들어 카페티에르(cafetière)로 알려진 프랑스식 프레스는 커피를 지정된 시간 동안 뜨거운 물에 담가 두었다가 필터 디스크를 아래로 누르면 커피가 걸러진다.

에스프레소는 이제 전 세계적인 커피 문화가 되었다. 에스프레소 커피는 여러가지 방법과 스타일이 있지만 곱게 간 원두에 뜨거운 물을 높은 압력으로 통과시켜 농축된 커피를 추출하는 기본 원리는 동일하다. 에스프레소 샷은 많은 커피 음료의 기본이지만, 에스프레소 머신이 없더라도 이 레시피를 시작할 수 없는 것은 아니다.

이 책에 나오는 많은 레시피들은 블랙커피, 에스프레소 또는 진한 액체의 커피를 필요로 한다. 당신이 주로 사용하는 커피의 강도(때론 물을 희석해서)로 많은 커피 레시피를 만들어낼 수 있다. 예를 들어, 필터로 내린 블랙커피 한 잔을 에스프레소로 대체할 수는 없지만, 에스프레소에 물을 섞으면 농도가 비슷한 커피를 만들어낼 수 있다.

만약 블랙커피 한 잔이 필요한 레시피라면, 프렌치 프레스로 만들거나, 필터로 내리거나, 아니면 단순하게 질 좋은 인스턴트 커피로 만들 수도 있다. 에스프레소가 필요한 레시피라면 에스프레소 머신, 캡슐커피 메이커, 스토브탑 에스프레소 메이커 등의 도구를 이용할 수 있다. 캡슐과 스토브탑 에스프레소 제조사들은 "진짜" 에스프레소를 생산하지는 않지만, 꽤 적절한 대체품이다. 이 도구들은 에스프레소가 필요한 레시피를 위해 초 농축 커피를 만들어 낸다.

어디서 온 커피인지, 어떤 향미를 좋아하는지, 심지어 지역/도시/가정에 따라 사람들은 각기 다른 레시피로 커피를 추출해 낸다. 이 책에 나오는 많은 레시피는 커피를 추출할 수 있는 여러 방법 중 하나에 불과하다. 실험을 시작하기에는 좋은 지표가 되겠지만, 원하는 것을 찾기 위해서는 다양한 방법, 원두 및 로스트를 연구하고 시도하는 것이 좋다.

커피의 강도

강하다(Strong)는 어둡게 로스팅 되거나, 향이 강하거나, 카페인 함량이 높은 커피를 설명하는 형용사다. 이런 요소들이 컵에서는 매우 다른 의미로 쓰인다는 것에 유의해야 한다. 커피 용어에서 강도는 추출 수율(물과 커피의 비율)을 의미한다. 추출 수율은 액체음료에서 단위 당 용해된 물질의 백분율, 즉 커피가 얼마나 농축되어 있는지를 나타낸다. 다크 로스트 커피는 더 긴 로스팅 시간으로 발생하는 강렬한 쓴맛 때문에 맛이 더 강할 것 같지만 사실은 더 강하지도 카페인이 더 높지도 않다. 사실 스쿱으로 측정해 보면 라이트 로스트 커피가 더 많은 카페인을 함유하고 있다. 다크 로스트 커피는 밀도가 낮기 때문에 액체 단위 당 커피 사용량이 적기 때문이다.

에스프레소 추출 수율 논쟁

올바른 에스프레소를 만드는 것에 대해 많은 의견과 논쟁이 있다. 그러나 실제로 에스프레소의 비율과 측정은 기호도, 문화, 로스트 스타일, 커피 산지, 그라인더 유형 등에 따라 크게 달라진다. 예를 들어 가볍게 로스팅한 싱글 오리진 니카라과 커피는 로부스타 블렌드 이탈리안 다크 로스트와는 다르게 추출해야 한다.

전통적인 이탈리아 비율은 에스프레소 한 잔에 7g, 더블 샷에 14g을 사용한다. 그러나 현재 많은 카페에서 더블 샷에 16~19g 사이를 사용해 고용량 커피를 만들고 있다.

요즘 많은 바리스타들이 선호하는 추출 비율을 사용하여 자신만의 레시피를 만들자. 이탈리아 이외 지역의 스페셜티 카페에서 커피와 음료의 가장 일반적인 비율은 대략 1:2이다. 즉 18g의 분쇄 커피를 사용해 에스프러소를 추출하면 음료에는 36g의 더블 에스프레소 샷이 들어간다는 것을 의미한다. 에스프레소는 일반적으로 20~35초에 걸쳐 추출된다. 그러나 이탈리아의 전통적인 브루잉 비율은 1:3(노말레의 경우)이거나 7g의 커피로 21g의 싱글 샷을 만든다. 더 낮은 추출 비율(1:2)은 리스트레토 에스프레소(제한된 에스프레소)로 간주되고 더 높은 추출 비율(1:4)은 룽고 에스프레소(롱 에스프레소)로 간주된다.

항상 그렇듯이 가장 좋아하는 맛을 찾으려면 모험이 필요하다. 가장 먼저 전통적인 이탈리아식(1:3) 비율을 시도한 다음 취향 선호도와 원두에 가장 적합한 비율을 찾을 때까지 바꿔가며 실험을 해보자.

유기농 또는 공정 무역?

유기농 또는 공정 무역 커피를 선택해야 할까? 불행하게도 이것들은 의견이 분분한 매우 정치적인 주제. 유기농으로 재배한 커피는 자연 환경과 농장 노동자들에게 더 좋을 가능성이 높지만 인증을 받는 과정이 어렵거나 소작농에게는 너무 비싸다. 때문에 많은 소작농들은 이미 자연적이고, 투입량이 적고, 무농약 방법을 사용하고 있으며 여러 세대 동안 그렇게 해왔는데도 유기농 인증 라벨이 요구하는 높은 비용을 지불할 능력이 없다는 이유로 그렇게 판매를 못하고 있는 것이다. 그렇다고 유기농 인증 커피를 사면 안 된다는 의미가 아니라, 유기농 커피만 사려고 하지는 말라는 의미다.

공정 무역에 관해서도 비슷한 이야기가 전개된다. 공정 무역 인증을 받은 농장은 아동 노동이나 강제 노동을 금지하고 있으며, 그 대가로 공정 무역은 커피 농가의 안정성과 더 나은 가격을 보장하는 최저 가격을 책정하고 있다. 이는 가격 변동성이 큰 상품의 위험을 최소화하는 데 도움이 되며 소규모 커피 생산자가 적절한 조건에서 시장에 접근할 수 있도록 도와준다.

그러나 일부 관계자들은 글로벌 인증 시스템이 신식민주의의 한 형태를 나타낸다고 믿는다. 사회학자 콜(Cole)과 브라운(Brown)은 2014년 논문 〈공정무역 커피의 문제(The Problem with Fair Trade Coffee)〉에서 '국가를 초월한 시장에 노동권 규제를 내포하는 것'이 국가 안에서 노동 조직화 노력을 약화시킬 수 있다고 주장한다.

다른 이들은 가격 보장이 농부들에게 양질의 인센티브를 제공하지 않는다고 주장한다. 농부들은 공정 무역을 통해 품질이 좋은 커피는 더 좋은 가격에 공개 시장에서 유통하고, 품질이 낮은 커피는 보장된 최저 가격으로 판매할 수 있다고 생각한다. 반대로 일부 농부들은 여분의 돈을 자신의 농장에 투자하여 전반적으로 더 나은 품질의 커피를 생산할 수도 있다.

광범위한 윤리적 솔루션에 관해 일반적인 커피 소비자가 이용할 수 있는 옵션이 많지 않으며, 공정 무역이 개별 농부에게 엄청난 차이를 만들 수 있다는 데는 이의가 없다. 그러나 공정 무역 커피에 대한 수요가 충분하지는 않다. 공정 무역 기준에 따라 생산된 커피의 20%만이 공정 무역으로 판매될 수 있다. 나머지는 어쨌든 일반 시장에서 더 낮은 가격으로 판매된다.

일반적인 대안은 공급망을 단축하고 투명성을 높이는 것을 목표로 하는 직거래 모델이다. 이미 스페셜티 커피 시장에서 자주 사용되지만 좋은 솔루션일까? 많은 전문 수출업체, 무역 회사, 심지어 로스터도 농장 및 교육 발전 이니셔티브를 통해 농부들이 품질 임계값에 도달하도록 지원하려고 한다. 그러나 직거래는 커피 무역의 정치화로 인해 품질 중심의 윤리적으로 공급되는 커피에 대한 포괄적인 마케팅 용어가 되었으며, 커피 거래가 정해진 기준을 충족하는지 확인하는 독립 기관이 없다는 점에서 자체적인 문제를 야기한다. 많은 커피 회사는 대신 웹사이트에 자체 윤리 기준을 게시한다.

보시다시피 완벽한 솔루션은 없다. 당신이 할 수 있는 최선은 교육받은 소비자가 되는 것이다. 커피콩과 로스터를 조사하고 당신이 좋아하는 옵션을 찾으려고 노력하라.

필요한 것

계량컵과 계량 스푼

표준 사이즈는 전 세계적으로 다르다. 이후에 나오는 레시피는 미국식 계량 방식을 따르고 있지만 다른 일반적인 도구를 사용해도 큰 차이는 없다.

저울

0.1g까지 정확한 미터법 설정이 가능한 전자 저울을 찾는다.

커피콩

선호하는 산지와 로스팅 수준에 따른 양질의 원두. 일부 레시피는 전통적인 풍미에 가장 근접하게 만들기 위해 특정 로스트 수준을 요구하기도 한다.

커피 그라인더

가장 좋은 것은 고품질의 버 형 그라인더다(14페이지 커피 분쇄 참조).

커피 추출 도구

각 레시피에 나열된 특정 장비를 찾을 수 없거나 구매하고 싶지 않은 경우 일반 커피 추출 장비를 사용하면 된다. 그러나 동등한 강도의 커피 추출이 가능한지 확인해야 한다. 예를 들어, 프렌치 프레스와 필터 커피 메이커는 서로를 대체할 수 있지만 동일한 강도를 얻으려면 에스프레소 또는 에스프레소 캡슐을 희석해야 한다(16페이지 커피 추출 참조).

미세 거름망

많은 레시피는 소스팬이나 큰 주전자로 추출되며 여과가 필요하다. 무명천이나 커피 풀 터를 사용할 수도 있다.

구즈넥(학구) 주전자

많은 레시피에 뜨거운 물을 천천히 그리고 반복적으로 붓는 과정이 포함되어 있다. 바리스타는 구즈넥 주전자를 사용하여 물의 흐름을 정확하게 저어해야 한다.

전 세계의 커피

커피의 어원에 관해 말하자면 책 한 권을 모두 써도 모자라지만, 일반적으로 튀르키예어 kahve와 아랍어 qah-wa(와인에 대한 고대 용어)까지 거슬러 올라간다. 16세기에 여행자와 상인들이 해외에서 이 흥미로운 음료를 접하게 되면서 유럽 전역의 역사적인 문헌에 나타나기 시작한다. 그들은 낯선 단어인 커피를 자국의 언어로 바꾸는 시도를 했고 음료가 다른 세계로 계속 전파되면서 그들의 문화에 적응되어 갔지만 그 뿌리에서 멀리 벗어나지는 않았다.

ቡና Buna
암하라어

Cà phê
베트남어

Café
스페인어
프랑스어
포르투갈어

Caffè
이탈리아어

Cafea
루마니아어

Caife
아일랜드어

Coffi
웨일스어

Gáffe
북부 사미어

Ikhofi
줄루어

ກາເຟ Ka fe
라오어

Kaapi
인도어

กาแฟ Kāfe
태국어

Kafe
아이티크리올어

Kafeega
소말리아어

Kafe
몰타어

קפה Kafeh
히브리어

Kafea
바스크어

Καφές Kafés
그리스어

Kaffe
스웨덴어
노르웨이어
덴마크어

Kaffee
독일어

咖啡 Kāfēi
중국어

Kaffi
아이슬란드어

Kahawa
스와힐리어

Kahve
튀르키예어

កាហ្វេ Kahve
크메르어

Kahvia
핀란드어

Kape
필리핀어

कफी Kaphī
네팔어

ਕਾਫੀ Kāphī
펀자브어

காப்பி Kāppi
타밀어

Kas fes
허몽어

Káva
슬로바키아어

Kava
크로아티아어

קאווע Kave
이디시어

Kavos
리투아니아어

Kawa
폴란드어

Kawhe
마오리어

ᎧᏫ Kawi
체로키어

ကော်ဖီ Kawhpe
버마어

커피 Keopi
한국어

Кофе
러시아어
몽골어

Kofe
사모아어
우즈벡어

कॉफ़ी Kofee
힌디어

Koffie
네덜란드어
아프리칸스어

コーヒー Kōhī
일본어

Kohvi
에스토니아어

Kope
하와이어

કૉફી Kōphī
구자라트어

Kopi
말레이어
인도네시아어

قهوة Qahwa
아랍어

Qehwe
쿠르드어

세상을 변화시킨 씨앗

커피의 여정은 원래 음식으로 소비되었던
동아프리카에서 시작되었다.
그리고 아라비아 반도에서 처음으로
음료로 변신했다.

커피에 대한 우리의 열광이 전 대륙에 걸쳐 수 세기를 이어져 온 만큼, 낭만이 결합된 커피의 전설에서 진실을 추출해 내는 것은 어려운 일이다.

커피의 경로가 언제 어디서 인간과 처음으로 교차했는지 기원을 설명하는 전설은 많다. 가장 흔하게 알려진 전설은 자신의 염소가 특이한 식물을 씹은 후 에너지가 넘치는 것을 발견한 에티오피아의 양치기 소년 칼디(Khaldi)가 주인공이다. 직접 섭취해 보고 효과를 확인한 그는 자신이 사는 수도원으로 일부를 가져갔고 그곳에서 콩은 우연히 불에 던져졌다. 볶은 커피는 우리 모두가 알고 사랑하는 중독성 있는 냄새를 발산했으며 이후 역사가 되었다.

이 전설은 많은 버전이 있다. 일부는 예멘에서 시작되었다고 하고, 일부에서는 에티오피아에서 시작되었다고도 하며 일부는 양치기, 수피 신비주의자 또는 탁발승이라고도 한다. 우리가 확실히 아는 것은 코페아 종 중 가장 대표적인 두 종 아라비카와 카네포라(로부스타)가 에티오피아와 남수단의 삼림에서 유래했다는 것이다. 여기에서 커피는 처음에 식품으로 소비되었을 가능성이 높다. 갈아서 지방과 함께 공모양으로 말거나, 체리를 버터로 요리하거나, 나뭇가지와 잎을 우유나 차에 우려내어 먹었다.

커피나무 재배가 유럽 식민주의자와 선교사들에 의해 전 세계에 널리 퍼졌지만 음료의 뿌리는 이슬람이다. 초기

아랍 상인들은 여행의 고단함을 달래기 위해 커피를 마셨고, 가져온 커피를 판매하기도 했다. 음료로서의 커피가 최초로 문서로 남은 것은 15세기 무슬림 수피교도들이 기록한 종교 서적이다. 그러나 1350년경 튀르키예, 이집트, 페르시아의 도자기에 커피를 제공한 것으로 추정되는 기록도 있다. 그리고 최근 아랍 에미레이트(UAE)에서 고고학적 발굴을 통해서 12세기에 만들어진 것으로 추정되는 볶은 커피 원두도 한 알 발견되었다.

우리가 커피를 마시기 시작한 정확한 날짜가 언제든, 커피와 커피하우스는 아랍 세계 전역에 빠르게 퍼졌다. 아랍에서 글로벌 탐험, 식민주의 및 무역은 강력한 커피콩을 다양한 문화로 가져왔다: 그곳에서 커피콩은 사회, 생태계, 문화 및 물리적 풍경과 삶을 돌이킬 수 없게 (좋든 혹은 나쁘든) 변화시켰다.

커피체리는 관목과 작은 나무에 무리지어 자라며 향기로운 흰색 꽃이 피어난다. 체리는 처음에는 녹색이지만 수확할 준비가 되면 주황색을 거쳐 짙은 붉은색으로 익는다.

커피 재배와 전파

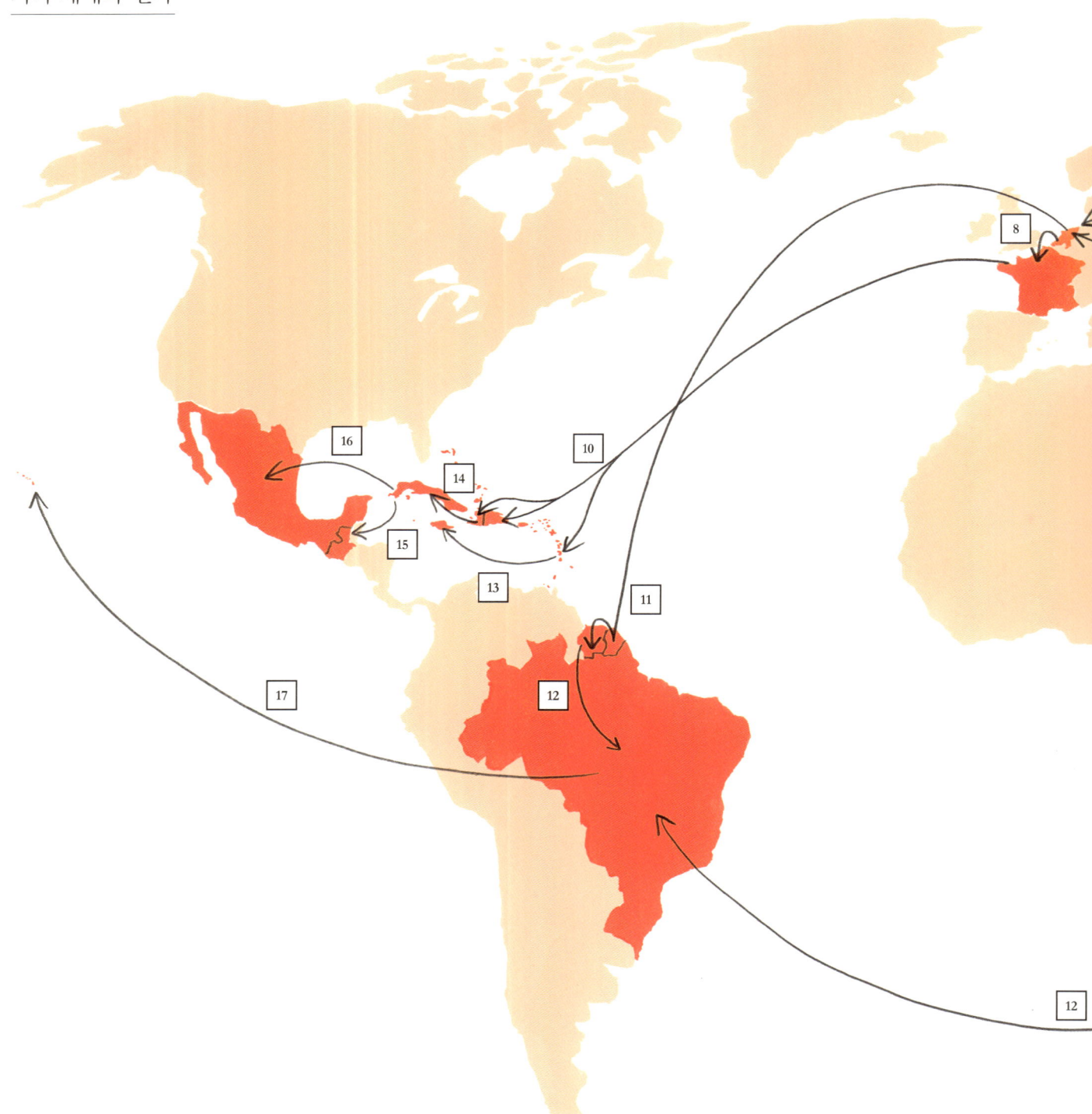

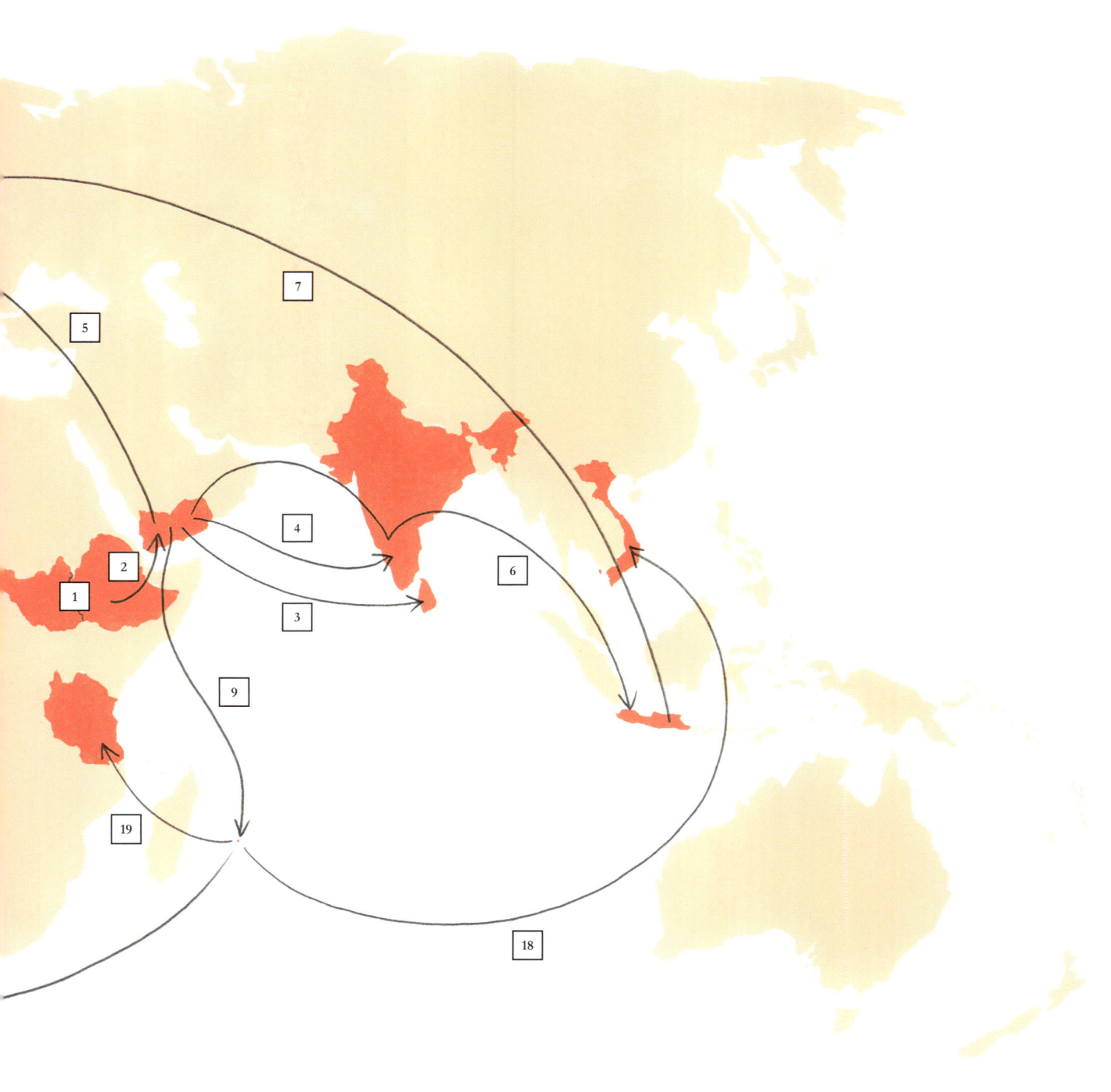

[11] 18세기 초 네덜란드인에 의해
네덜란드 → 수리남 →
프랑스령 기아나로 이동

[12] 18세기 초 포르투갈인에 의해
프랑스령 기아나 → 브라질,
19세기 중반 레위니옹 섬
(부르봉)로 이동

[13] 18세기 중반 영국인에 의해
마르티니크 → 자메이카로
이동

[14] 18세기 중반 스페인에 의해
산토 도밍고(지금의 도미니카
공화국) → 쿠바로 이동

[15] 18세기 중반 스페인에 의해
카리브해(쿠바 또는 안틸레스)
→ 과테말라로 이동

[16] 17세기 후반 네덜란드인에
의해 예멘 → 인도 → 자바
(인도네시아)로 이동

[17] 18세기 초 네덜란드인에 의해
자바(인도네시아) →
네덜란드로 이동

[18] 18세기 초 네덜란드인에 의해
네덜란드 → 프랑스로 이동

[19] 18세기 초 프랑스인에 의해
예멘 → 레위니옹 섬으로 이동

에스프레소의 본고장, 세상을 바꾼 커피

1906년, 밀라노: 비즈니스 파트너인 파보니(Pavoni)와 베제라(Bezzera)가 컨벤션에서 압력 추출 기계를 선보이면서 최초의 '카페 에스프레소'가 세상에 등장했다. 이들은 모두 현대 에스프레소 머신의 선구자였다.

이탈리아는 전 세계에 엄청난 영향을 끼친 작은 커피 음료, 에스프레소의 본고장이다. Un caffè(에스프레소)는 에스프레소 머신에서 생산되는 커피의 농축 추출물이며 수백 가지 커피 기반 음료의 베이스이다. 커피에 대한 이탈리아의 사랑은 수 세기가 넘도록 이어지고 있다. 오늘날 이탈리아의 약 150,000개 커피 바에서 에스프레소를 만들고 있으며 설문조사에 따르면 이탈리아 성인의 90%가 지난 24시간 안에 커피를 마신 것으로 나타났다.

16세기 후반에 여러 의사, 식물학자, 여행자들이 튀르키예와 이집트에서 만난 음료에 대해 기록하면서 커피에 대한 소문이 오스만 제국 밖으로 퍼지기 시작했다. 커피가 유럽에 도착한 날짜는 명확하지 않지만 일반적으로 튀르키예와의 교역 관계와 근접성을 감안할 때 베네치아인들이 커피를 처음 접한 것으로 추정된다(당시 그리스 및 일부 다른 동시대 유럽 국가는 오스만 제국의 일부였다). 1592년 이탈리아에서 식물에 대한 책이 출판되었고, 인기 있는 전설(야사이긴 하지만)에 따르면 교황 클레멘스 8세(1536-1605)가 이

슬람 음료인 커피를 축복하여 기독교인이 사용할 수 있도록 허용함으로써 이탈리아 전역에 퍼질 수 있게 되었다고 한다.

이 이야기가 진짜이든 아니든 상관없이, 커피는 1600년대 중반 베니스에 최초의 카페테리아(커피하우스)가 문을 열면서 이탈리아에서 상당히 빠르게 유행했다. 튀르키예와 아라비아 반도의 커피하우스가 서구에 받아들여지고 적용된 것이다. 이러한 사회화, 유흥 및 자유화의 허브는 빠르고 연쇄적으로 다른 유럽 국가로 퍼졌다. 오늘날 이탈리아에서는 하루에도 여러 번 반복되는 의식처럼 에스프레소를 al banco(카운터에서), 때로는 달콤한 페이스트리와 함께 마신다.

1819년, 한 프랑스의 양철공이 뒤집을 수 있는 드립 필터 커피포트인 라 쿠쿠마(la cuccuma)를 발명했다. 이 발명으로 인해 카페에 자주 갈 수 없던 가난한 사람들도 집에서 질 좋은 커피를 준비하고 마실 수 있게 되었다. 나폴리에서는 라 쿠쿠마(la cuccuma)라고 부르지만, 이 스타일의 커피 메이커는 도시 밖에서는 라 카페티에라 나폴레타나(la caffettiera napoletana, 나폴리 커피 메이커)라는 이름을 얻었다. 이것은 1933년 모카(moka) 커피 메이커가 발명될 때까지 이탈리아 전역에서 인기를 끌었다.

모카는 압력을 사용해 뜨거운 물이 커피를 통하도록 해 더 빠르고 쉬운 스토브탑 커피 메이커가 되었다. 이 도구는 얼마 지나지 않아 이탈리아 가정에서 가장 인기 있는 커피 추출 도구가 되었다. 지금은 도미니카 공화국에서 호주까지 찾아볼 수 있으며 카페티에라(caffettiera), 그레카(greca), 카페테라(cafetera), 마키네타(macchinetta) 또는 라 카페테라 이탈리아나(la cafetera italiana) 등 많은 이름으로 불린다. 모카는 압력을 사용하여 추출하기 때문에 종종 스토브탑 에스프레소 메이커라고 불린다. 그러나 압력이 에스프레소 머신보다 낮기 때문에 카페 델라 모카(coffè della moka, 모카 커피)는 진정한 에스프레소로 인정받지는 않는다.

에스프레소 머신은 편리함을 위한 발명품이었다. 이 머신이 소개되기 전에는 커피를 추출하는 데 최대 5분이 걸렸다. 유럽 전역의 카페 수가 증가함에 따라 발명가들은 프로세스 속도를 높이는 데 도움이 되는 상업용 기계를 구상했다. 19세기는 증기의 시대였기 때문에 증기 압력을 사용하여 커피를 추출하는 것이 합리적이었다.

에스프레소의 발명은 그 시대의 산물이었다. 동시대에 유사한 기술에 대한 특허와 발명이 유럽 전역에서 생겨나고 있었다. 에스프레소의 시초는 이탈리아 피에몬테 출신의 안젤로 모리온도(Angelo Moriondo)라는 사람이다. 그는 1800년대 후반에 증기 동력 양조기에 대한 특허를 등록했지만 그의 기계가 상업적으로 생산되지는 않았던 것으로 보인다.

> 대부분의 이탈리아 에스프레소 커피 블렌드는 대부분 아라비카이지만, 약간의 로부스타와 혼합하면 완벽한 에스프레소의 필수품으로 간주되는 훌륭한 크레마를 만드는 데 도움이 된다.

그 후 1901년, 루이지 베제라(Luigi Bezzera)는 자신의 커피 머신에 대한 특허를 취득했다. 베제라는 비즈니스 동료인 데시데리오 파보니(Desiderio Pavoni)와 함께 기계를 생산하고 개선했다. 그들은 1906년 세계 박람회인 밀라노 인터내셔널에서 현대식 카페 에스프레소를 세계에 소개했다. 이것은 한 번에 한 잔씩 추출해 내는 최초의 기계였으며 약 45초 만에 추출했다고 한다.

1946년 아칠레 가지아(Achille Gaggia)가 실용적인 방법을 개발하고 제조할 때까지 기술은 계속해서 발전했고 다른 제조업체와 발명가들도 혁신을 거듭했다. 이 기계는 수동으로 좋은 크레마를 낼 수 있는 최초의 기계였다. 결국 이 기계가 오늘날 우리가 알고 있는 현대식 전동 에스프레소 머신으로 발전했다. 대부분의 이탈리아 에스프레소 커피 블렌드는 아라비카이지만, 약간의 로부스타와 혼합하면 완벽한 에스프레소의 필수품으로 간주되는 훌륭한 크레마를 만드는 데 도움이 된다.

얼마 지나지 않아 이 이탈리아 기계가 전 세계로 수출되면서 런던에서 베이징까지 에스프레소 베이스 음료가 쥐어졌다. 제2차 세계대전 이후 이탈리아인의 대규모 이주로 이탈리아 커피 문화가 확산되었다. 이탈리아인이 가는 곳마다 에스프레소 머신이 곧 뒤따랐다. 커피는 수백 년 동안 많은 국가에서 소비되고 있었지만 추출 방식은 이탈리아 사람들에게 익숙했던 수동식 에스프레소와는 거리가 멸었다.

1950년대와 1960년대는 영국에서 호주에 이르기까지 에스프레소의 영토가 되었다. 런던에서는 이탈리아인들이 활기 넘치는 카페를 지어 폭탄 피해를 입은 소호 지역을 되살리는 데 일조했다. 당시 커피에 대한 그 지역 사회의 통념에 경악한 그들은 기계, 커피 원두들, 커피 스타일을 들여오면서 자신들에게 익숙한 동네 카페들을 차리기 시작했다.

> 당신은 이탈리아 전역에 다양한 커피 문화가 퍼져 있다는 것을 발견하게 될 것이다. 토리노의 핫 초콜릿, 커피, 휘핑 크림 또는 우유가 짧은 잔에 층층이 쌓인 비체린에서는 초콜릿과 커피가 완벽하게 결합한 것을 볼 수 있다.

이탈리아 이외 지역의 많은 에스프레소 기반 음료가 이탈리아식 이름을 유지하고 있지만, 이러한 단어가 이탈리아의 것과 항상 일치하지는 않는다. 예를 들면 이탈리아어에서 라떼는 단순히 우유를 의미한다. 따라서 차가운 우유 한 잔을 원하는 게 아니라면 카페 라떼(Caffè latte, 커피와 우유)를

이탈리아

주문해야 한다. 피콜로 라떼(piccolo latte, 스몰 라떼, 소량의 스팀밀크를 토핑한 리스트레토)는 이탈리아 이름을 가지고 있지만 실제로는 호주에서 발명된 것으로 추측된다. 이탈리아에서 찾을 수 있는 것은 카페 마끼아토(caffè macchiato)로 에스프레소에 우유 거품 덩어리가 있는 것이다. 우유가 많이 함유된 커피를 찾는다면 카푸치노(cappuccino)인데, 이는 전통적으로 ⅓은 에스프레소, ⅓은 스팀 우유, ⅓은 거품이다(그리고 이것은 아침 식사 메뉴로 여겨지기 때문에 정오 이후에는 절대로 주문하면 안 된다). 카페 콘 파냐(Caffè con panna)는 에스프레소 상단에 크림 덩어리를 추가하는 반면 카페 코레토(caffè corretto, corrected coffee)는 몇 방울의 그라파, 삼부카 또는 브랜디를 가미한 에스프레소 샷이다.

> 이탈리아인이 가는 곳마다 에스프레소 머신이 곧 뒤따랐다. 커피는 수백 년 동안 많은 국가에서 소비되었지만 추출 방식은 이탈리아 사람들에게 익숙했던 수동식 에스프레소와는 거리가 멀었다.

에스프레소 샷은 리스트레토(ristretto, 제한적), 노말레(normale, 보통) 또는 룽고(lungo, 롱)로 추출할 수 있으며, 같은 양의 커피 원두로 커피 음료가 더 많거나 적게 추출된다. 같은 무게의 커피라도 분쇄도가 다를 수 있어서, 커피가 많이 혹은 적게 추출되지 않도록 유속을 조절할 수 있다. 이탈리안 레스토랑의 대표 디저트인 아포가토 알 카페(affogato al caffè, 커피에 잠김)는 달콤한 바닐라 아이스크림이나 피오르 디 라떼 젤라또(fior di latte gelato) 위에 뜨거운 에스프레소 샷을 붓는 것으로 전 세계적으로 사랑 받는 메뉴이다.

당신은 이탈리아 전역에 다양한 커피 문화가 퍼져 있다는 것을 발견하게 될 것이다. 토리노의 핫 초콜릿, 커피, 휘핑 크림 또는 우유가 짧은 잔에 층층이 쌓인 비체린에서는 초콜릿과 커피의 완벽한 결합을 볼 수 있다. 또 다른 피에몬테 마을인 알레산드리아(Alessandria)에서 발명된 카페 마로키노(caffè marocchino)의 경우 에스프레소에 코코아 가루를 한 층 더한 다음 거품을 낸 우유를 또 한 층 얹는다. 초콜릿과 헤이즐넛 페이스트인 잔두자(gianduja)는 토리노에서 발명된 것인데, 피에몬테 지역의 음료에서는 때때로 초콜릿 대신 잔두자를 사용하는 것을 볼 수 있다.

최근 이탈리아 카페테리아 메뉴에 추가된 메뉴도 수십 가지다. 예를 들어 카페 알 진생(Caffè al gineng)은 커피와 인삼을 혼합한 것으로 아시아에서 대중화되었고 지금은 이탈리아에서도 인기를 끌고 있다. 또 카페 샤케라토(caffè shakerato)는 에스프레소와 각 얼음을 칵테일 셰이커에서 간단한 시럽과 함께 혼합한 다음 마티니 잔에 담아 제공하는 음료이다.

이탈리아의 커피 문화는 원두, 장비, 커피가 소비되는 장소를 뛰어넘는다. 전통과 문화는 국경을 넘어 깊고 다양하게 전개되었다. 많은 커피 바에서, 당신은 먼저 금전출납기를 찾고, 음료 값을 지불한 다음, 종이 영수증을 흔들어서 다른 손님들 사이에서 바리스타의 관심을 끌어 주문해야 한다.

카페 소스페소(Caffè sospeso, 서스펜드 커피)는 1800년대 후반 나폴리에서 시작된 자비로운 전통이다. 한 고객이 커피 두 잔의 값을 지불한 후 한 잔은 본인이 마시고 다른 한 잔은 누군가를 위해 기부한다. 뒤에 온 고객은 이 카페 소스페소 덕분에 무료로 커피를 얻을 수 있다.

베네치아의 카페 플로리안(Caffè Florian)에서 피렌체의 카페 길리(Caffè Gilli), 그리고 나폴리의 그랑 카페 감브리누스(Gran Caffè Gambrinus)에 이르기까지 (옆의 사진 및 전 페이지 사진), 이탈리아의 유서 깊은 커피하우스는 정교한 인테리어를 갖춘 객실에서 오랜 전통을 이어가고 있다.

Caffè Espresso 카페 에스프레소

에스프레소 머신으로 만든 커피

20세기 초 이탈리아에서 발명된 에스프레소 머신은 이후로 전 세계 커피 문화에 큰 영향을 미쳤다. 이탈리아에서는 여전히 에스프레소가 지배적이다. 이탈리아에서 마시는 모든 커피의 93%는 에스프레소로 만든다. 이 향긋하고 농축된 커피는 에스프레소 머신에 곱게 갈린 커피 원두를 다져 넣은 후 뜨거운 물로 압력을 가해 추출한다.

물

원두 7g
분쇄도: 곱게

다음의 것도 필요:
에스프레소 머신, 저울, 타이머

포터필터를 부착하지 않은 상태에서 에스프레소 머신에 물을 흘려서 오래된 커피 찌꺼기를 씻어낸다. 싱글 샷용 필터 바스켓에 7g의 원두를 넣는다.

저울을 사용하여 필터 바스켓에 넣을 원두의 무게를 잰다.

커피 베드를 평평하게 한다. 물은 저항이 가장 적은 경로를 따르기 때문에 찌꺼기가 고르지 않게 분포되어 있으면 물이 고르지 않게 흘러 풍미에 영향을 미친다.

포터필터를 카운터 위에 놓고 탬퍼의 윗부분을 손바닥으로 잡는다. 탬퍼 베이스의 반대쪽에 엄지와 검지를 놓고 포터필터 바스켓에 넣는다. 이제 바스켓과 탬퍼의 가장자리에 닿는 엄지와 검지를 사용하여 탬퍼가 똑바른 수평이 되도록 한다. 세게 누른다. 포터필터를 에스프레소 머신에 넣고 팽팽하게 당긴다. 저울 아래에 서빙 컵을 놓고 영점을 맞춘다. 추출 시작과 함께 타이머의 시작을 누른다.

커피를 추출할 때는 무게와 시간을 모두 주시해야 한다. 표준 이탈리안 1:3 추출 비율의 경우 커피 원두 7g의 무게는 컵에서 약 21g이 된다. 라이트 로스팅에서 미디엄 로스팅 또는 3차 방식 추출의 경우 18g 더블 샷(더블 샷 크기의 필터 바스켓 사용)을 시도하면 컵에는 36g의 커피가 추출되어 담긴다. 더블 샷은 20~35초 이내에 추출되어야 한다.

커피 분쇄도를 제대로 맞추는 것이 가장 중요하다. 유속이 정확해야 샷이 과도하게 또는 과소 추출되는 것을 방지할 수 있다. 커피가 빠른 시간 내에 너무 많이 나오면 원두를 더 곱게 갈아서 추출 속도를 늦춘다. 반대로 추출량이 너무 적으면 분쇄를 더 굵게 해야 추출 속도가 빨라진다.

카페 에스프레소(Caffè Espresso)

습도 수준이 자주 변화하는 환경(예: 주방 또는 자주 창문을 여는 경우)에서 추출하는 경우, 오늘 맞춘 분쇄도가 다른 날에도 맞는다는 보장이 없다. 커피가 흡습성이 있어 공기 중의 수분을 흡수하기 때문이다. 이러한 이유로 습한 날에는 분쇄된 커피가 부풀어서 결과적으로 포터필터가 더 조밀해지고 추출 속도가 느려질 수 있다. 대부분의 에스프레소 전문점에서는 그날의 환경과 추출 속도에 따라 매일 분쇄도를 조절한다.

집에서 꾸준히 저울과 타이머를 사용하여 추출하다 보면 완벽하게 추출된 에스프레소의 모양과 맛을 빠르게 이해할 수 있다. 그런 다음 환경, 커피 원두 유형 또는 선호하는 취향에 맞게 분쇄도를 조절해 나가면 된다.

Notes:

커피 추출은 개인 취향에 따라 크게 다르지만, 진한 로스팅은 추출 시간이 짧고(로스팅이 길수록 원두의 밀도가 낮아지고 용해도가 높아짐), 라이트 로스팅은 추출 시간이 길어진다는 점에 유의하자. 어떤 유형의 로스팅을 사용해도 괜찮지만, 이탈리아에서는 더 진한 로스팅이 선호되는 반면, 미국 커피 생산자들은 훨씬 더 가벼운 로스팅을 선호하는 경향이 있다. 1:3의 전통적인 이탈리아 추출 비율은 이탈리아에서 노멀 에스프레소로 간주된다. 하지만 가볍게 로스팅한 커피나 많은 스페셜티 커피숍에서 볼 수 있는 에스프레소를 선호한다면 추출 비율을 1:1.5~1:2에 가깝게 사용하는 것이 좋다. 자세한 내용은 17페이지의 "추출 수율 논쟁" 참조.

Caffè con la moka 카페 콘 라 모카

모카포트로 만든 커피

마키네타, 모카포트, 그레카, 카페테리아로 알려진 저렴한 스토브탑 에스프레소 제조기를 사용하는 것은 집에서 카페 에스프레소에 가까운 것을 만드는 간단한 방법이며, 이탈리아, 스페인, 프랑스, 라틴 아메리카에서 쓰는 매우 일반적인 준비 방법이다.

물

커피
분쇄도: 중간

다음의 것도 필요:
스토브탑 에스프레소 메이커(모카포트)

스토브 탑 에스프레소 메이커(모카포트)를 분해한다. 하단 챔버의 스팀 배출 밸브 아래까지 물을 채운다.

깔때기형 필터를 삽입하고 물이 증기 배출 밸브를 덮지 않는지 다시 확인한다. 이때 필터가 제자리에 있는 것도 확인해야 한다. 원두는 드립 커피보다 약간 곱게, 에스프레소보다 약간 굵게 분쇄해야 한다. 분쇄된 원두를 깔때기에 채운다. 이때 원두를 누르면 안 되고, 깔때기를 부드럽게 두드려서 원두 표면을 평평하게 만든다.

탬핑(눌러서 다지는 행위)을 하지 않고 필터 가장자리 주위에 손가락을 대어 흩어진 가루가 없는지 확인한 다음(이렇게 하면 단단히 밀봉됨) 스토브 탑 에스프레소 메이커(모카포트)의 상단을 결합시켜 단단히 조인다.

스토브를 중불 위에 올려 놓는다. 가스를 사용하는 경우 불을 모카포트 바닥에 맞추고 손잡이에는 열이 가지 않도록 한다. 열이 너무 세서 손잡이가 녹을 수 있다.

몇 분 후 모카포트가 부글부글 끓는 소리가 들린다. 이 소리가 처음 나고 약 15초 후 불을 끈다. 상단 챔버에 커피가 가득 찰 때까지 계속 둔다.

Notes:
모카 포트는 2인/4인/6인 또는 그 이상의 용량으로 다양하다. 제조업체마다 권장하는 물과 커피의 양이 다양하다. 추가 지침이 필요한 경우 구매한 브랜드의 설명서를 참조하면 된다. 스토브탑 에스프레소 메이커는 스토브탑 여과기와 모양이 매우 유사할 수 있지만 작동 방식은 아주 다르다. 스토브탑 에스프레소 메이커를 사용하면 물의 압력으로 분쇄된 원두를 통과하여 상단에 추출물이 모인다. 여과기는 불을 끌 때까지 분쇄된 원두에 물을 계속 흘려 보낸다.

Bicerin 비체린

핫 초콜릿과 크림을 곁들인 에스프레소

지역에 전해 내려오는 이야기에 따르면, 18세기 이탈리아 토리노의 한 커피 전문점에서 당시 유행하던 초콜릿, 커피, 우유 음료인 바바레이사를 자체 버전으로 만들었다고 한다. 작은 잔을 의미하는 비체린(bicerin)이라는 이름이 붙은 이 달콤한 음료는 보통 오전에 마시며 현재 피에몬테 전역에서 인기가 높은 음료다.

헤비크림 ¼컵

슈가파우더 1티스푼

우유 ¼컵

다진 다크 초콜릿 40g(1 ½oz)

더블 샷 에스프레소 1잔 또는 60ml(2fl oz)
진한 블랙 커피

코코아 가루, 뿌리는 용

그릇에 크림과 슈가파우더를 넣고 약간 뻑뻑한(되직한) 느낌이 날 때까지 젓는다.

작은 냄비에 우유를 데우고 따뜻해지기 시작하면 다진 초콜릿을 넣는다. 우유가 뜨거워지고 초콜릿이 녹을 때까지 젓되, 끓지 않게 한다. 끓기 직전을 유지하고 혼합물이 약간 걸쭉해질 때까지 계속 젓는다.

핫 초콜릿 혼합물을 서빙 잔에 부은 다음 숟가락 뒷면으로 에스프레소를 부드럽게 부어서 층을 만든다. 위에 크림을 얹고 코코아 가루를 뿌려 마무리한다.

Notes:
비체린은 지역에 따라 다양한 버전이 있다. 피에몬테(Piedmont)에서는 풍부한 초콜릿과 헤이즐넛 페이스트를 이 음료에 약간 섞는다. 다른 곳에서는 에스프레소 위에 코코넛 가루를 추가하고 거기에 우유 거품을 올린 비체린과 비슷한 카페 마로키노로 대체된다.

에티오피아의
커피 문화와 행사

지난 천 년 동안의 에티오피아:
오로모족의 조상들은 커피체리를 갈아서
지방과 섞은 다음 그 혼합물을 큰 공 모양으로
만들어서 먹었다.
때로는 긴 여행 중의 생존을 이 음식에만
의존할 정도였다.

커피가 언제 발견되었는지 정확히 알 수는 없지만 가장 중요한 두 종인 아라비카와 카네포라(로부스타)가 에티오피아와 남수단의 숲에서 유래했다는 것은 분명하다. 에티오피아에는 약 6,000~15,000종의 커피 계보가 있는데, 대부분 야생에서 자라고 있으며 아직 발견되지 않았다.

커피는 수 세기 동안 평화를 이루기 위한 회의와 같은 사회적 모임에서 소비되어 왔으며 커피 소비의 의식(儀式)은 소수 민족과 사회 간의 관계에 매우 중요하다. 《에티오피아: 역사, 문화 및 도전(Ehiopia: History, Culture and Challenges)》의 저자인 인류학자 엘로이 피케(Éloi Ficquet)는 오로모족(현재 에티오피아 전체 인구의 약 1/3을 차지함)이 커피 문화를 뒷받침하는 수 세기에 걸친 풍부한 구전 전통과 상징을 보유하고 있다고 썼다. 오로모족은 최초의 커피나무가 와카(Waaqa, 신)의 눈물에서 자라났다고 말한다. 이 식물은 와카(Waaqa)를 기리기 위한 의식에 지금까지도 사용되고 있다. 다른 민족들도 커피의 기원에 대한 자신만의 구전 전통을 가지고 있지만, 여기에서 모두 설명하기엔 너무 많다. 하지만 분명한 것은, 커피 제조 기술이 에티오피아 문화의 중심이라는 점이다.

학자들은 오로모족과 이웃 사회(예: 하디야, 다우로 또는 카파)의 조상이 처음으로 커피를 식품으로 소비했을 것이라고 믿는다. 지역의 구전 역사가 대부분의 서면 기록보다 앞선 반면, 유럽 여행자들에 의한 소비 관행에 대한 자세한 관찰은 17세기와 18세기경에 시작되었다. 스코틀랜드의 여행 작가 제임스 브루스(James Bruce)는 1768년에서 1773년 사이에 다녀온 에티오피아 여행을 《나일강의 근원을 발견하기 위한 여행(Travels to Discover the Source of the Nile)》이라는 제목으로 출판했다. 그는 "유랑 민족"인 오로모족이 커피체리를 빻아 지방과 섞는 것을 관찰했다. 그들은 그 혼합물을 "당구공" 크기의 원형으로 만들어 가죽 주머니에 보관하고 장거리 여행 동안 이것으로만 끼니를 채웠다고 한다.

피켓(Ficquet)은 또한 에티오피아 전역에서 발견되는 다양한 전통 지역 요리법을 기록하고 있다. "커피나무의 잎, 나무껍질 또는 잔가지를 우유에 주입하는 것; 버터로 요리한 통딸기." 커피의 다양한 준비 방법은 일반적으로 전통 의학에서도 찾아볼 수 있다. (커피)와인은 또한 과일과 껍질 또는 커피 원두 그 자체로 만들어진다. 철판에 굽거나 햇볕에 말린 커피 잎을 두드려 쿠티(kuti)라는 차로 만든다. 그러나 아마도 에티오피아 문화에서 커피의 가장 중요한 측면은 커피 의식일 것이다.

에티오피아와 에리트레아 전역의 모든 유형의 가정에서 행해지는 커피 의식은 80개 이상의 민족 집단을 관통하는 국가 정체성의 핵심 요소다. 부나 다보 나우(Buna dabo naw, 커피는 빵이다)는 에티오피아 생활에서 일반적으로 사용되는 문구로 커피의 중요성을 완벽하게 보여준다.

전체 의식은 지역에 따라 조금씩 다르지만 ቡና (부나, 커피)는 매일 소비되며 의식의 일부다. 풀이나 짚을 바닥에 깔고 꽃으로 장식하기도 한다. 유향과 뜨거운 숯을 태우면 춤추는 유령 코브라처럼 연기가 피어오른다. 어떤 사람들은 유향이 부정한 기운을 없애준다고 해서 유향을 먼저 태우지 않으면 커피 마시는 것을 거부하기도 한다.

금속 로스팅 팬을 뜨거운 석탄 위에 올리면 커피 로스팅할 때의 더욱 강렬한 연기가 향긋한 향과 어우러진다. 여성은 항상 커피 준비를 담당한다. 이는 잘 훈련된 루틴이다.

> 모든 유형의 가정에서 행해지는 커피
> 의식은 80개 이상의 민족 집단을 관
> 통하는 국가 정체성의 핵심 요소이다.

원두가 터지고 딱딱거리며 짙은 갈색으로 변하면 두 번째 크랙이 생기면서 볶아진다. 이는 전통에 따라 매우 진하게 볶는 방법이지만 설탕을 비롯한 다양하고 향긋한 첨가물이 추가되어 균형을 맞춘다. 설탕은 1970년대 이전에는 에티오피아에서 희귀한 상품이었기 때문에 커피 의식에서는 상대적으로 새로운 요소다. 그 이전에는 주로 소금을 사용했고, 오늘날에도 일부 지역에서는 여전히 소금을 사용하고 있다.

순수한 아라비카 원두는 일단 로스팅되면 뜨거울 때 거칠게 분쇄한다. መቀጨ, ዘገዘና (muk'echa and zenezena, 절구와 막자)는 콩을 빻는 데 사용된다. 점토로 된 ጀበና(jebena, 제조 냄비)에 물을 채우고 끓인 다음 커피를 천천히 넣는다. 혼합물이 목이 얇은 제조 냄비의 윗부분까지 끓으면 여주인은 작은 주전자에 그 혼합물을 능숙하게 조금 따른 후, 온도를 조절하면서 다시 냄비에 붓는다. 오랜 연습을 통해 그녀는 색깔과 냄새로 커피가 준비되었는지 판단할 수 있다.

전통적으로 뭉친 말총과 비슷한 재료가 필터로 사용되는데, 제베나의 목에 밀어 넣는다. 때로는 사프란 다발을 사용하여 꽃향을 더하기도 한다. 카다멈, 정향, 계피 또는 신선한 생강과 같은 다양한 향신료를 제조 전에 첨가하기도 한다. ጤና አዳም(Tena'Adam, 수 세기 동안 약용으로 사용된 다년생 허브 운향)의 나뭇가지가 때때로 커피와 함께 제공되는데, 휘젓는 용이다. 운향에서 추출한 오일은 무화과 또는 감귤류와 같은 풍미가 있다. 어떤 곳에서는 ንጥር ቅቤ(niter qibe, 향신 정제 버터)를 추가하기도 한다.

커피가 준비되면 사람 발 기준 약 1피트 높이에서 ስኒ(sïni, 데미타스 크기의 작고 손잡이가 없는 컵)에 붓는다. sïni는 의식의 제단으로 간주되는 낮은 테이블인 ረከቦት(rekebot)에 놓는다. 커피는 그룹에서 가장 나이가 많은 사람이나 가장 귀한 손님에게 먼저 제공된다. 냄비에 물을 다시 채우고 다시 불 위에 올린다. 커피 제조의 첫 번째 라운드를 አቦል(abol)이라고 하는데, '첫 번째'라는 뜻이다. 두 번째 제조는 ቶና(tona, 두 번째)라고 한다. 세 번째 በረካ(baraka)는 축복을 의미한다. 아랍어 뿌리를 가진 이 단어들이 에티오피아와 예멘의 커피 문화 사이의 오랜 연관성을 강하게 보여 준다.

에티오피아에서 커피를 마실 때의 또 다른 필수적인 요소는 커피와 함께 제공되는 간식이다. ቆሎ(kɔlo, 보리와 같은 구운 곡물), ዳቦ(dabo, 향신 꿀 밀빵), እንጀራ(injera, 테프 가루로 만든 발효 팬케이크로 에티오피아와 에리트레아 전역에서 먹음), 또는 수수와 같은 튀긴 곡물 아프리카에서 4,000년 이상 동안 경작되어 온 구수하고 견과류 맛이 나는 곡물 등을 함께 먹는다. 누군가와 커피를 마시자고 제안하는 것은 존경이나 우정의 표시이며, 언제든지 누구든 환영할 수 있도록 준비한다.

커피를 마시는 것은 여전히 에티오피아의 환대 방식이다. 커피는 중요한 사회적 행사에서 제공되며, 혼자 마시는 것보다 이웃, 친구, 친척들과 함께 나누는 시간이다.

 부나

커피

부나는 에티오피아에서 다양한 추출 도구를 사용하여 세세한 커피 의식을 하는 데 사용한다. 이것은 일상적인 의식이며 불 위에서 커피를 직접 볶을 때 유향을 태우는 경우가 많다. 제베나라는 에티오피아식 점토 커피 포트로 추출한 다음 달게 해서 제공하는데, 냄비를 다시 불에 올려 여러 차례 돌리기를 반복한다.

1인분 기준 생두 ¼컵

1인분 기준 물 1컵

선택사항, 1인분 기준:
코라리마(에티오피아 블랙 카다멈) 또는 인도산 블랙 카다멈 2개,
정향 2~3개, 시나몬 스틱 1개,
사프란 한 꼬집, 다진 생강 1티스푼,
운향 잎 1장, 또는 운향 가지 1개

취향에 따라 설탕 추가

팝콘, 곁들이는 용

다음의 것도 필요:
작은 웍이나 팬, 직조된 천연 섬유 매트,
제베나(에티오피아 점토 커피 포트), 시니(컵),
데미타세 컵

커피 생두를 물에 담가 헹구면서 살살 저어 물에 뜨는 가벼운 결점두를 걸러낸다.

커피 생두를 작은 웍이나 팬에 넣은 다음 중간 불로 조절한다. 원두가 고르게 볶아질 때까지 팬을 좌우로 계속 흔들어 준다. 콩이 진한 색을 띠고 연기가 나기 시작하면(균일하게 짙은 갈색 또는 검은색일 때) 팬을 불에서 떼어낸다. 손님이 로스팅 된 커피의 향기를 맡을 수 있도록 주변에 골고루 흔들어 준다.

짚이나 열에 강한 천연 섬유 매트 등에 원두를 조심스럽게 붓고, 매트를 약간 접어 넘치지 않도록 원두를 살짝 흔들며 식힌다.

제베나에 물을 넣는다. 향신료를 사용하는 경우 제베나에도 추가한다(사프란을 사용하는 경우에는 제외). 약한 불에 올려 물이 끓기 직전까지 기다린다.

커피 원두가 충분히 식으면 그라인더에 붓고 중간 크기로 분쇄한다.

원두가루를 다시 매트에 부은 다음, 매트를 접어 깔때기 모양으로 만들어 제베나에 원두를 붓는다. 제베나를 휘저어서 분쇄된 커피와 물을 섞는다.

불을 약하게 해서 끓인다. 작은 제베나를 사용하거나 ⅔ 이상을 물로 채운 큰 제베나를 사용하면 커피가 제베나의 목 정도에서 거품을 일으킨다. 열을 낮춰 거품이 더 나지 않도록 한다. 쏟아지지 않도록 조심스럽게 작은 피처에 커피를 조금 따른 다음 거품이 가라앉으면 제베나를 다시 불에 올리고 피처의 커피를 제베나에 붓는 행위를 반복한다.

부나

물이 적거나 큰 제베나를 사용하는 경우 제베나가 ⅔ 이상 채워지지 않으면 거품이 언제 생기는지 알 수 없으므로 너무 끓이지 않도록 주의해야 한다.

거품이 몇 번 올랐다 가라앉으면 제베나를 불에서 내린다. 사프란을 사용하는 경우 이때 제베나에 넣으면 된다. 원두 가루가 가라앉을 때까지 몇 분 동안 그대로 둔다.

설탕을 사용하는 경우 이때 컵에 추가한다. 서빙할 작은 컵에 커피를 조심스럽게 붓는다. 전통적으로 동일한 부나를 의식 장소에서 여러 번 추출한다. 첫 번째 컵은 매우 강하며 여러 번 추출할수록 약해진다.

팝콘이나 다른 간식과 함께 제공한다.

Notes:

때때로 향신료로써 운향을 사용한다. 냄비에 잎을 몇 개 추가하거나 설탕을 젓는 용으로 컵에 운향 나뭇가지를 넣어 풍미를 더한다. 운향은 많은 양을 섭취하면 독이 될 수 있으므로 주의한다. 소금 한 꼬집 또는 향신 정제 버터인 느뜨르 끄베(niter qibe, 떠스미)를 추가하기도 한다. 이 버전을 추출하려면 제베나가 필요하다. 이 레시피의 성공 여부는 점토 냄비와 그 특징적인 모양에 달려 있다.

Buna qalaa 부나 칼라

향신 버터로 조리한 커피

부나 칼라는 취하는 커피라는 뜻으로, 오로모족에게 문화적으로 중요한 커피 식사다. 커피체리를 버터와 함께 요리하는 메뉴인데 간단한 레시피 안에 문화적으로 중요한 의식을 모두 담아낼 수는 없지만, 에티오피아 일부 가정과 식당에서 커피콩에 버터를 버무려 간식처럼 제공한다. 때때로 보리, 설탕, 버터 또는 에티오피아식 전통 향신 정제 버터인 느뜨르 끄베와 섞기도 한다.

생두 1컵

느뜨르 끄베:

호로파 씨앗 1티스푼

코라리마 간 것 ½티스푼
(에티오피아 블랙 카다멈)

육두구 가루 ¼티스푼

버터 1컵

다진 작은 양파 ⅛개

잘게 썬 마늘 1테이블스푼

으깬 베소벨라(에티오피아 바질) 2테이블스푼

으깬 코세렛(멕시칸 오레가노와 비슷한 에티오피아 허브) 2테이블스푼

느뜨르 끄베 만들기:

호로파(콩과 식물) 씨앗, 코라리마, 육두구를 작은 냄비나 더치 오븐에 넣고 향이 날 때까지 볶는다. 버터를 넣고, 녹으면 양파와 마늘을 넣는다. 손바닥으로 비벼 부순 베소벨라와 코세렛 잎을 버터 위에 뿌린다.

끓이다 보면 버터에 따라 표면에 하얀 거품이 떠오르는데, 이 거품을 조심스럽게 떠서 버린다. 이때 향신료를 함께 제거하지 않도록 주의한다. 기(ghee) 등의 정제 버터를 사용하면 이 과정을 생략할 수 있다.

45분 동안 계속 끓인다. 타지 않도록 표면에 뜬 하얀 거품이나 우유 고형분을 제거한다. 끓는 버터가 매우 뜨거우므로 주의한다. 끓는 속도가 빨라 액체가 튀면 불을 약하게 낮춘다.

조리 시간이 끝나면 불을 끄고 약간 식을 때까지 그대로 두되 굳지 않도록 한다.

고운 망사 무명천이나 고운 여과기를 그릇 위에 놓고 조심스럽게 버터를 부어 모든 고형물을 걸러낸다(고형물은 버림). 이 정제 버터를 깨끗한 밀폐 용기에 붓는다. 냉장고에서 몇 주 동안 보관이 가능하다.

부나 칼라

부나 칼라 만들기:

커피 생두를 헹군 후 가볍게 물기를 말려서 결점두를 제거한다.

커피 생두를 작은 팬에 넣은 다음 중간 불에 올린다. 원두가 골고루 익도록 냄비를 좌우로 계속 흔들어야 한다. 원두 색이 진해지고 연기가 나면(균일하게 짙은 갈색 또는 검은색이 되면) 불에서 내린다.

약한 불에서 향신한 버터 ¼~⅓컵을 볶은 콩에 1테이블스푼씩 넣으며 천천히 젓는다. 추가한 버터가 흡수되면 버터를 더 추가하며 계속 젓는다. 커피가 버터를 더 이상 흡수하지 않으면 불을 끄고 식힌다.

밀폐용기에 담아 간식으로 먹는다. 다음 조리를 위해 나머지 느뜨르 끄베를 저장하거나 다른 에티오피아 요리의 베이스로 사용한다.

Notes:

위에서 나열한 에티오피아 허브와 향신료는 진정한 풍미를 위한 필수 재료이지만, 이런 허브와 향신료를 구할 수 없는 경우 몇 가지 대체할 수 있는 방법이 있다. 콜라리마는 에티오피아의 커다란 블랙 카다멈이다. 맛이 다르긴 하지만 인도 카다멈을 대용으로 사용해도 괜찮다. 에티오피아 바질인 베소벨라를 찾을 수 없다면 툴시(tulsi, 홀리 바질)를 대용품으로 사용할 수 있다. 코세렛(버터 정화용 허브로 알려짐)을 대신할 수 있는 좋은 대체품은 없지만, 매우 다른 풍미를 가지고 있기는 해도 같은 속이므로 멕시코 오레가노로 시도해 볼만 하다. 코세렛의 레몬 맛을 재현하려면 레몬 버베나도 약간 추가하면 된다.

킬리만자로에서
탄자니아의 피베리까지

고대 역사, 아프리카 그레이트 레이크:
하야(Haya)족 사람들은 풀이 많은 허브로
커피체리를 끓인 다음 훈제하고 건조하여
암와니(amwani)를 만들었다.
이것은 거래에 사용했고, 씹어서 섭취했으며,
오늘날에도 제물과 사교 모임에 사용된다.

동아프리카 국가인 탄자니아의 지형은 킬리만자로 산(세계에서 단일 독립 산 중 가장 높음) 봉우리부터 탕가니카 호수(세계에서 두 번째로 깊은 호수)까지 매우 다양하다. 탄자니아는 적도 바로 남쪽에 위치하고 있으며 커피는 특히 킬리만자로 산을 둘러싼 비옥한 화산 토양에서 재배되는 고품질로 세계적인 명성을 얻고 있다.

1964년, 영국으로부터 독립한 직후, 탕가니카와 잔지바르의 독립 정부가 합병하여 탄자니아 연합 공화국이 되었다. 1964년 이전에 이 두 정부는 특히 커피와 관련해서는 매우 다른 역사를 가지고 있었다.

탄자니아 본토를 차지하고 있는 탕가니카는 제국주의 세력에 의해 독일령 동아프리카로 분할된 동아프리카 지역이었다. 제1차 세계대전 후 이 지역은 영국이 위임통치하게 되었고 탕가니카(Tanganyika Territory)로 이름이 바뀌었다. 그러나 독일과 영국이 그 땅에 존재하기 오래 전, 이미 아프리카 5대 호수와 해안을 연결하는 그들의 육로 무역로가 전국을 가로지르고 있었다. 120개 이상의 소수 민족이 현재 탄자니아로 알려진 지역을 지리적, 정치적 고향으로 여기고 있다. 여기에는 하야족과 수 세기 동안 커피가 그들 문화의 중심이었던 많은 사람들이 포함되어 있다.

탄자니아는 품질 좋은 피베리 커피로 잘 알려져 있는데, 특히 미국에서 유명하다. 보통 커피체리에서는 두 개의 씨앗이 발견되는데, 피베리는 한 개의 씨앗을 가진 체리다. 일부 사람들은 피베리가 탄자니아에서만 재배되는 커피 품종이거나 돌연변이여서 탄자니아가 다른 지역보다 더 많이 생산한다고 믿고 있지만 사실 피베리는 어디에서나 재배할 수 있으며, 탄자니아 전체 커피 수확량의 5~10%정도이다.

커피 역사에 대한 간략한 설명 중 대부분은 프랑스 가톨릭 선교사가 탄자니아에 커피를 도입했다는 것을 강조한다(일부 탄자니아인도 동의하는 의견이다). 그들이 1800년대 중후반에 바가모요 지역과 그 후에 킬리만자로 지역에 커피 아라비카를 가져온 것은 사실이지만, 종종 이때가 탄자니아의 커피 시초인 것마냥 잘못 해석된다.

이는 식민지 이전 탄자니아 본토의 커피 역사의 많은 부분을 애매모호하게 만든다. 적어도 16종의 야생 코페아 종은 탄자니아 토착종으로 공식적으로 기록되었다. 토마스(A.S. Thomas)는 1935년 동아프리카 농업 저널《The East African Agricultural Journal》에 발표된 그의 논문 〈로부스타 커피의 종류와 우간다의 선택(Types of Robusta coffee and their selection in Uganda)〉에서 야생 및 작물화된 Coffea canephora(로부스타)가 모두 식민지 시대 훨씬 이전에 탄자니아에서 확인되었다고 설명했다. 하야족의 구전 역사 또한 옛날부터 하야족과 그들의 조상이 로부스타를 소비했다고 언급한다.

아라비카가 현재 탄자니아의 주요 커피 수출품이기 때문에 아마도 식민지 이전의 로부스타에 대한 이야기는 너무나 자주 간과되었을 것이다. 혹은 아마도 전통적인 초기 커피 문화의 대부분이 살아있는 커피나무에 대한 접근에만 의존했기 때문이다. 신선한 커피체리는 의식과 일상의 모든 전통에 없어서는 안 될 존재이다. 브래드 바이스(Brad Weiss)는 본인의 저서 《신성한 나무, 쓴 수확물(Sacred Trees, Bitter

Harvests)》에서 암와니(amwani, 하야족 커피)가 아직 익지 않은 커피체리들을, 녹색 껍질이 그대로 있는 채로, 큰 냄비에 풀이 많은 허브와 함께 끓여서 준비한다고 언급한다. 그런 다음 체리를 훈제하고 며칠 동안 건조한다. 커피는 그제야 음료로 추출하는 것이 아닌 체리를 통째로 씹는 방식으로 소비될 준비를 마친다. 동아프리카의 다른 사람들도 커피를 비슷한 방식으로 소비했다.

잔지바르의 전통적인 커피 의식에는 아랍 커피 문화의 영향이 드리워져 있다. 콩은 숯불 위의 진흙 냄비에서 구워지고 바닐라, 카다멈, 계피, 생강, 레몬 그라스와 같은 향신료와 혼합된다.

바이스는 커피가 과거에도 그리고 여전히 하야족 사회에 중요한 몇 가지 다른 방식을 설명한다. 아마 이게 다는 아니겠지만, 그는 커피체리가 의식, 점술 관행, 통화 및 무역, 사회적 상호 작용 및 관계 구축, 그리고 헌신적인 제물로서 중요했다고 지적한다. 전파는 왕과 귀족들에 의해 신중하게 통제되었는데, 그들은 결코 커피를 씨앗으로 보내지 않았고 번식이 불가한 상태로만 전달되도록 했다.

탄자니아 전체의 0.2%도 안 되는 면적을 차지하지만, 잔지바르군도는 상당한 역사를 가지고 있다. 이 섬에 인간이 거주했다는 증거는 거의 20,000년 전에 시작되었지만, 우리는 첫 번째 밀레니엄 후반 즈음의 이야기로 가 보자.

여기서 우리는 잔지바르가 역사를 통틀어 동서 교류의 핵심인 인도양 무역의 핵심 역할을 했다는 증거를 볼 수 있다. 자체 천연 자원은 거의 없었지만, 잔지바르는 북쪽의 소말리아 모가디슈에서 남쪽의 킬와섬까지 뻗어 있는 동부 아프리카의 스와힐리 해안과 접촉하고 교역하는 데 유용한 기지임을 증명했다. 계절풍은 페르시아, 아라비아, 인도에서 향료,

천, 구슬, 자기를 운반하는 상인들을 안전한 잔지바르 항구로 데려갔고, 바람이 바뀌면 그들은 상아, 노예, 동물 가죽, 향료 등을 가지고 돌아왔다. 오만 술탄국은 1840년에 수도를 무스카트에서 잔지바르로 옮기면서 잔지바르에 큰 영향력을 행사했다. 또한 포르투갈, 독일, 영국 세력은 잔지바르와 동아프리카 전역에 큰 관심을 갖고 있었다. 잔지바르는 1800년대 후반 영국이 군도에서 노예무역을 불법화하는 데 도움을 준 후 1890년에 영국의 보호령이 되었다.

제국의 권력은 탕가니칸 본토의 농부들에게 커피와 같은 현금 작물을 심도록 꽤 압력을 가했고, 그 결과 아라비카가 땅 전체에 퍼졌다. 킬리만자로산은 탄자니아에서 가장 생산적인 농업 지역 중 하나이며, 주로 킬리만자로 경사면의 농가 농장에서 살고 있는 차가(Chagga)족은 이 지역에 아라비카가 도입된 이후 아라비카 재배에 중요한 역할을 해왔다.

커피 행상인들은 종종 검은색의 향신료 커피와 함께 검은 코코넛, 땅콩 또는 둘 다 넣어서 만든 인기 있는 스와힐리 과자인 카샤타와 같은 과자들로 가득 찬 양동이를 가지고 다닌다.

잔지바르는 향신료 무역의 중심지이기도 하여 향신료 제도라고도 불린다. 원래 몰루카스(아시아의 향신료 제도, 현재 인도네시아의 일부) 출신인 정향은 바닐라, 후추, 칠리, 육두구와 같은 다른 많은 수입 향신료와 함께 큰 성공을 거두었다. 이러한 향신료 중 다수는 양조된 카하와(아랍어 카와에서 파생된 커피용 스와힐리어)에 사용되었다. 그러나 잔지바르의 향신료 무역의 성장에는 막대한 비용이 소요되었다. 오만 술탄은 거의 전적으로 노예 노동에 의존하는 향신료 농장의 개발을 장려했다. 설립된 지 불과 몇 년 만에 이 농장은 세계 정향 시장의 90%를 장악했으며, 이 독점은 다음 세

탄자니아

기까지 계속되었다.

　잔지바르의 전통적인 커피 의식에는 아랍 커피 문화의 영향이 드리워져 있다. 콩은 숯불 위의 진흙 냄비에서 구워지고 바닐라, 카다멈, 계피, 생강, 레몬 그라스와 같은 향신료와 혼합된다. 오늘날 탄자니아의 항구 도시 다르에스살람, 잔지바르, 스와힐리 해안을 따라 커피 행상인들이 큰 금속 주전자를 들고 거리를 걸어 다니며, 때로는 커피를 따르기 전에 키콤베(Kikombe, 컵)에 생강을 첨가하기도 한다. 커피 행상인들이 검은색의 향신료 커피와 함께 검은 코코넛, 땅콩 또는 둘 다 넣어서 만든 인기 있는 스와힐리 과자인 카샤타(kashata)와 같은 과자들로 가득 찬 양동이를 가지고 다니는 모습도 심심찮게 볼 수 있다.

보다 서구적인 형태의 카페 문화가 탄자니아의 도심에 점차 뿌리를 내리고 있지만, 금속 주전자를 들고 있는 행상인들은 계속해서 탄자니아 해안 마을의 거리로 나간다.

Kahawa 카하와

향신 커피

잔지바르와 스와힐리 해안의 커피 문화는 섬을 지배했던 오만의 아랍 커피, 탄자니아 본토의 고급 커피, 풍부한 향신료 농장의 영향을 받았다. 정향, 계피, 카다멈, 생강, 레몬그라스 등의 향신료를 넣은 커피는 섬과 해안 전역에서 마신다.

물 2컵

가볍게 으깬 카다멈 깍지 3개

작은 계피 스틱 1개

바닐라빈 1개를 갈라서 긁어낸 것, 또는 천연 바닐라 익스트랙 1티스푼

얇게 썬 신선한 생강 조각 조금

작게 썬 신선한 레몬그라스 조각 조금

정향 3개

커피 5작은테이블스푼
분쇄도: 중간

취향에 따라 우유와 설탕(선택사항)

냄비에 물 2컵을 넣고 센 불에서 끓인다. 카다멈 깍지, 시나몬 스틱, 바닐라 빈(추출물을 사용하는 경우 나중에, 걸러 내기 직전에 추가), 생강, 레몬그라스, 정향을 추가한다. 뚜껑을 덮고 10분 동안 끓인다.

불을 끄고, 분쇄 커피를 넣고 젓는다. 뚜껑을 덮고 4분 동안 그대로 둔다(바닐라 익스트랙을 사용하려면 이 다음에 추가).

고운 필터로 걸러낸 커피를 예열한 서빙 컵에 붓는다. 이렇게 하면 2~3인에게 제공할 진하고 적은 양의 커피가 된다. 취향에 따라 우유 또는 설탕을 추가한다.

Notes:
잔지바르에서는 향신료와 미리 혼합된 커피 패키지를 구입할 수 있지만 현지인들은 신선한 향신료만 사용한다. 종종 로스팅 중에 향신료를 추가하기도 하지만 이 레시피에서는 이미 로스팅한 커피를 사용하므로 추출 중에 향신료를 추가한다.

경건한 음료가
세상을 정복하다

1400년대, 예멘: 수피 신비주의자들은
밤에 긴 시간 동안 깨어 각성 상태로
기도하는 디크르(dhikr, 종교적 헌신 의식)에
집중하기 위해 커피를 마셨다.

커피에 대한 우리의 세계적 열광은 수 세기와 전 대륙에 걸쳐 있기 때문에 인간과 커피가 처음 만난 경로와 시기를 확인하려고 할 때 사실과 전설을 구분하는 데 어려움을 겪는 것은 놀라운 일이 아니다. 여러 가지 기원 신화가 있는데, 일부는 에티오피아에서, 일부는 예멘에서 시작된다.

유전자 마커 분석을 통해 사실로 말할 수 있는 것은 아라비카 커피가 현재 에티오피아, 에리트레아 및/또는 남수단의 숲 어딘가에서 유래했으며 예멘이 재배 및 가축화에 중요한 역할을 했다는 것이다. 아라비아 반도 남부의 덥고 건조한 환경은 에티오피아의 무성한 숲과는 매우 달랐기 때문에 커피나무는 적응해야 했다. 적응한 커피나무는 다양한 향 스펙트럼을 만들어냈고 오늘날까지 사랑받고 있다.

커피 재배, 브루잉, 심지어 로스팅의 확산은 예멘 농부들과 경건한 목적으로 커피를 사용한 수피 신비주의자들 덕분이라고 할 수 있다. 커피나무는 이슬람 세계의 문화적, 사회적 조직으로 엮였고, 거기서부터 다른 모든 곳으로 연결되었다.

작가 랄프 S 해톡스(Ralph S. Hattox)는 자신의 저서 《커피와 커피하우스: 중세 근동 사회 음료의 기원(Coffee and Coffeehouses: The Origins of a Social Beverage in the Medieval Near East)》를 집필할 때 아랍어 원문을 연구

했다. 해톡스는 초기 커피 작가들이 그들의 지식 격차를 알고 있었기 때문에, 이야기를 기원 신화로 보완하려는 유혹을 뿌리치기가 어려웠다고 지적한다. 그 결과, 많은 역사적 기록에 기껏해야 2차 또는 3차 목격자의 기록과 최악의 경우 근거 없는 전설에 불과한 고대 자료에 대한 언급을 인용하면서 전혀 정확하지 않은 내용이 포함된 것이다.

많은 커피 원산지 신화는 예멘에 뿌리를 두고 있다. 아랍어로 써진 글과 이 지역을 여행한 유럽 여행자들에 의해 알려진 다양한 "발견"은, 예멘에 커피가 도입된 시기가 6세기부터 15세기 사이 그 어디라고 말한다. 엘로이 피켓(Éloi Ficquet)의 논문, 〈컵에 담긴 많은 세계: 커피 기원 전설 속의 정체성 거래(Many Worlds in a Cup: Identity Transactions in the Legend of Coffee Origins)〉는 이러한 기원 신화가 겪은 이야기적 변형에 대해 자세히 설명하며 "커피 한 잔을 맛보는 즐거움이 암호를 풀고 문화적으로 다시 코드를 짜는 의미 있는 이야기적 요소에 의해 어떻게 고조되는지 강조한다".

음료로서의 커피에 대한 좋은 평판의 최초의 기록은 15세기로 거슬러 올라간다. 수피 신비주의자들이 양조한 قهوة (qahwa, 브루잉 커피)는 디크르에 중요한 도움이 되었다. 커피를 예멘에 처음 가져온 사람에 대해서는 의견이 분분하지만 "발견"을 한 사람들은 대개 에티오피아를 여행했었다. 수피즘은 속세와 단절된 종교가 아니었고 많은 수피교도가 정규적인 직업을 가지고 있었다. 그래서 오래지 않아 일반 대중이 커피를 마시게 된 것이다. 이슬람 사회에서는 사람을 취하게 하는 술이 금지되었기 때문에 커피가 허용된 각성제로 자리를 잡은 것으로 생각된다.

그러나 최근의 고고학적 증거는 커피가 훨씬 더 일찍 예멘에 들어왔다는 이론을 뒷받침한다. 12세기경의 것으로 추정되는 단일 커피콩이 1990년대 후반 아랍에미리트(UAE) 라스알카이마(Ras Al-Khaimah)의 고고학적 발굴 현장에서 발견되었다. 이 커피는 예멘에서 재배되었다고 보이므로

이전에 생각했던 것보다 수백 년 더 일찍 예멘에서 커피 무역과 재배가 이루어졌다는 증거가 될 수 있다.

이와 상관없이, 예멘은 커피가 전 세계적으로 확산되는 데 중요한 역할을 했다. 1538년 오스만 제국이 예멘을 점령했을 때 당시 인기를 끌던 커피가 돌아온 정복자들과 함께 콘스탄티노플로 다시 들어왔을 가능성이 높다. 거기에서 베네치아 상인들에게 소개된 것으로 여겨지며 이 겸손한 콩은 곧 서구의 마음을 사로잡았다.

커피 재배, 브루잉, 심지어 로스팅의 확산은 예멘 농부들과 경건한 목적으로 커피를 사용한 수피 신비주의자들 덕분이라고 할 수 있다. 커피나무는 이슬람 세계의 문화적, 사회적 조직으로 엮였다.

이후 몇 세기 동안, 예멘은 커피 생산에 대한 독점권을 가지고 있었다. 수출 전에 커피를 살짝 삶거나, 볶거나, 발아를 방지하기 위한 다른 방법으로 살균되었다는 기록이 많다. 또는 단순히 이 콩이 바다에서 긴 여행을 한 끝에 발아력을 잃었다고 믿기도 한다. 커피의 많은 역사와 마찬가지로, 예멘의 요새가 무너지는 것을 자세히 묘사하는 신화는 다양하다. 어떤 이들은 인도 수피족이 살아 있는 씨앗을 밀반출한 데서 시작되었다고 말하고, 다른 이들은 네덜란드 옷 상인 피터 반 덴 브로케가 예멘의 알마카 항구에서 살아있는 식물을 밀반입했다고 한다.

커피를 준비하는 방법에 대한 기존의 문화적 이해가 없었기 때문에 예멘인들은 볶아진 커피 콩에 국한되지 않았다. 볶지 않은 원두로 끓이거나, 향신료를 추가하거나, 혹은 원두를 모두 생략하고 커피 허스크(커피체리의 건조된 껍질)을 대신 사용하여 일종의 차로 끓였다. قهوة القشر(qahwat alqishr) 또는 더 일반적으로 키쉬르(qishr, 다른 곳에서 스페인어 이름인 cascara로 갈려진 커피 껍질)로 알려진 이 껍질 주입액은 여전히 예멘에서 널리 소비된다. 키쉬르(qishr)와 카와(qahwa, 커피 원두로 양조) 둘 다 생강, 때로는 카다멈이나 계피 등의 향신료를 더하는 경우가 많다.

커피는 희귀한 가보 품종을 많이 재배하는 소작농들에 의해 생산된다. 그들은 수 세기 동안 사용한 전통적인 유기농 자연 생산 방법을 사용한다. 그 결과 뛰어난 커피가 탄생했지만, 생산량이 낮은 경우가 많다. 많은 커피 생산자들은 또한 물 부족으로 고통받고 있다. 생산 기반 시설의 부족과 2015년에 시작된 파괴적인 인도주의적 위기도 커피 생산을 방해하는 주범이다.

USAID 보고서 〈예멘 커피의 발전(Moving Yemen Coffee Forward)〉의 저자인 다니엘 지오반누치(Daniele Giovannucci)는 예멘 커피를 세계에 알리는 데 있어 가장 큰 어려움 중 하나가 예멘 고유의 커피 품종을 특징짓기 위한 중요하고 조직적인 노력이 없다는 점을 지적한다. 예멘의 많은 품종이 고대 코페아 아라비카 종에서 수 세기에 걸쳐 진화했고, 예멘을 제외하면 세계 어디에서도 재배되지 않는다. 예멘 커피가 국제 시장에 출시될 때 경매에서 가장 높은 가격을 받는 이유다.

예멘 커피의 대부분은 여러 세대에 걸쳐 커피를 재배해 온 농부들이 중세 고원 마을에서 재배한다. 콩은 현지에서 수확, 건조 및 숙성되며 도정도 수작업으로 이루어진다.

허스크 커피

허스크는 보통 커피 열매 또는 커피체리 생산 과정에서 생성되는 부산물로 간주된다. 하지만 예멘에서는 커피콩과 비슷한 정도로 중요하게 다뤄진다. 키쉬르(커피 열매 껍질)는 진한 차와 유사한 음료로 제조되며, 일반적으로 생강의 매운맛과 단맛이 나고 때로는 시나몬과 카다멈을 함께 추가하기도 한다.

1인당 물 1 ¼ 컵, 끓여서 준비

키쉬르 20g(½컵)
(아래 Notes 참조)

간 생강 ½티스푼

계피 가루 ⅛티스푼

취향에 따라 설탕 추가

물을 끓인다. 향신료 분쇄기 또는 믹서기에 키쉬르를 넣고 3~4회 눌러 큰 조각으로 부순다.

키쉬르를 가스레인지용 주전자나 뚜껑이 있는 작은 팬에 옮긴다.

중간 불에서 건조된 키쉬르를 향이 날 때까지 살짝 볶는다. 갓 끓인 물을 위에 붓고 생강과 계피를 넣는다. 가볍게 젓고 뚜껑을 덮어 화력을 높인다.

끓어오르면 뚜껑을 열고 약불로 낮춘다. 8~10분 동안 끓게 둔다.

불을 끄고 키쉬르를 가라앉힌다. 체에 걸러 서빙 컵에 붓는다. 설탕을 추가하거나 끓인 물을 부어 희석해 마신다.

Notes:
키쉬르는 라틴 아메리카에서 카스카라로 알려져 있으며 최근 몇 년 동안 다른 국가에서도 인기 있는 음료가 되었다. 커피 식물의 일부인 키쉬르에는 카페인이 포함되어 있지만 콩에서 추출한 커피보다는 양이 적다. 온라인에서 찾기가 상당히 쉽다. 으깬 그린 카다멈 깍지 1개 또는 캐러웨이 씨앗 ¼티스푼(1회 제공량 기준)과 같은 다양한 향신료를 추가해 보자. 빠르고 쉬운 버전을 위해 프렌치 프레스에 물과 키쉬르를 추가해 우려내거나 콜드 브루로 시도해 볼 수도 있다.

아라비아 반도의 의식과 관용

1500년대 이후, مكة المكرمة 마카 알-무카라마(Makkahal-Mukaramah, 마카/메카): 커피가 아라비아 반도 전역에 퍼지자 이슬람 학자들은 논쟁을 벌였다. 커피는 중독성 있는 물질이니 이슬람 율법에 따라 금지되어야 할까?

커피는 아라비아 반도 전역에 빠르게 퍼져 나갔고 머지않아 전 세계 구석구석까지 확산될 것이다.

고향인 아프리카에서 출발한 커피는 아라비아 반도의 최남단인 예멘에서 처음 발견되었다(64페이지 참조). 학자들과 지역 역사에 따르면, 수피 신비주의자들에 의해 قهوة (qahwa, 브루잉 커피)로 만들어졌으며 종교적 헌신에 중요한 도움이 되었다. 커피는 예멘의 북쪽 헤자즈(Hijaz)까지 진출하여 المدينة المنورة(Al Madinah Al Munawwarah, 메디나) 및 مكة المكرمة(Makkah al-Mukarramah, 마카/메카) 도시에서 인기를 얻었다. 메카는 이슬람의 창시자인 예언자 무함마드의 출생지로서 이슬람 세계의 중심지였다. 음료가 무슬림 사회 전체에 널리 퍼지기까지는 그리 오래 걸리지 않았다. 커피하우스는 끝없이 번성하여 점차 사교와 일반적인 즐거움을 위한 사랑방이 되었다.

커피는 심지어 역사적으로 사막에 거주했던 아랍 유목민인 베두인족에게도 인기를 끌었다. 커피는 무역을 통해 그들의 사회에 들어왔고, 그들은 낙타에 커피 양조 장비와 공급품을 묶고 사막을 건너곤 했다.

커피의 행보는 거침이 없었다. 그러나 커피 소비와 커피하우스는 처음부터 큰 저항에 부딪혔다. 커피가 حَرَام(ha-ram, 이슬람 율법에 의해 금지됨)인지에 대한 열띤 종교적 논쟁은 16세기 초에 시작되었다. 1511년 메카에서 처음으로 커피를 금지한 것은 커피가 중독성이 있고 건강에 좋지 않으며 위험하다는 믿음 때문이었다. 커피는 중독성이 있는 음료이므로 이슬람 식생활법에 의해 금지해야 한다는 주장이 제기되었다.

와인버그와 빌러가 《카페인의 세계(The World of Caffeine)》에서 설명한 것처럼 당시의 커피하우스는 와인 선술집과 비슷한 면이 있었다. "카페인에 취한 커피하우스의 주정뱅이들과 그들이 일으키는 소란에 잠을 이루지 못하는 사람들 사이에서의 난폭한 말다툼은 일상이 되었다." 아마도 아랍어로 커피를 뜻하는 카와(qahwa)가 본래 오래된 시에서 와인을 언급하는 데 사용된 것도 악영향을 끼쳤을 것이다.

서기 600년까지 거슬러 올라가는 아랍 시(詩)에는 여러 형태가 있다. 그중 하나인 나바티 토착시는 민중의 시로 간주된다. 커피는 아랍 문화에서 그 중요성을 고려할 때 대중적이고 반복적인 주제였으며 그 결과 아랍 커피에 대한 훌륭한 초기 기록이 남았다. 유명한 이야기 중 하나는 위대한 시인 모하메드 빈 압둘라 알카디(Mohammed bin Abdullah Al-Qadi)가 쓴 것으로, 그는 200년도 전에 아랍 커피의 양조를 묘사했다.

알카디(Al-Qadi)의 시에서, 커피 원두는 표면에 기름이 나타날 때까지 볶는다. 원두는 손으로 갈아서 دلة(dallah, 아랍식 커피포트 '달라')로 옮긴다. 시인은 "커피 찌꺼기가 포트를 더럽히지 않도록 왜가리 모양으로 만들고 내부를 칠했다"고 묘사한다. 물을 넣고 커피를 끓인다. 찌꺼기가 표면으로 올라오면 향신료를 추가할 준비가 된 것이다. 카다멈과 정향이 주된 향신료이며 취향에 따라 사프란도 넣는다. 커피는 또한 화석화된 나무 수지인 호박으로 향을 내기도 한다. 현지 소식통에 따르면 최근에도 아름다운 향을 내기 위해 커피포트 뚜껑에 호박을 다는 경우가 있다고 한다.

영어로 아라비아 커피라는 용어는 일반적으로 걸프만, 이집트, 팔레스타인, 요르단, 레바논 등의 아랍 국가에 있는 베두인족의 전통적인 준비 스타일을 나타낸다.

처음에 베두인족은 장작 위에서 المحماس(al mihmas, 손잡이가 긴 철제 로스팅 스푼)에 커피 원두를 볶았지만, 점차 카와(qahwa)는 الكوار(al kuwar, 석판 난로가 있는 진흙 구덩이)에서 볶아졌다. 커피 원두는 النجر(a-najr, 구리 방망이와 유봉) 또는 수동 그라인더에서 손으로 분쇄한다. 베두인족은 المهباج(al mihbaj, 베두인족의 타악기로도 사용됨)라는 나무 모르타르를 사용한다. 세 가지 유형의 달라(dallah)가 전통적으로 사용되며 국가마다 이름은 다양하다. 사우디아라비아에서의 이름은 دلة الملقمة(Dallat Al Mulqimah, 커피를 끓이는 데 사용되는 첫 번째 냄비), دلة المهيلة(Dallat Al Muhayalah, 양조한 커피가 향신료와 결합되는 두 번째 냄비) 및 دلة المزلة(Dallat almuzla, 커피가 제공되는 냄비)이다. 종려나무 잎을 뭉쳐서 커피를 걸러내는 데 도움이 되도록 첫 번째 달라(Dallah)의 주둥이에 밀어 넣는다.

영어로 아라비아 커피라는 용어는 일반적으로 걸프만, 이집트, 팔레스타인, 요르단, 레바논 등의 아랍 국가에 있는 베두인족의 전통적인 준비 스타일을 나타낸다. 공통점은 주로 의식, 성문화, 양조 장비, 그리고 카다멈을 추가하고 블랙으로 제공되는 것과 같은 양조 과정의 일부이다. 아랍 커피는 일반적으로 대추야자 또는 기타 과자와 함께 낸다.

커피 로스팅 수준과 향신료 추가는 지역에 따라 크게 다르다. 남쪽에서는 생강을 자주 사용한다. 사우디아라비아와 아라비아 반도의 일부 다른 지역에서는 콩을 매우 가볍게 로스팅하여 카다멈을 넣고 물을 적게 섞어서 연한 노란색의 차 같은 추출액을 만든다. 사프란과 정향도 자주 추가된다.

북부에서는 커피를 훨씬 더 진하게 로스팅하고 진하게 추출한다. 레바논에서는 등화수로 향을 내기도 한다. 이라크와 북쪽 다른 지역에서는 커피를 오래 끓여 농축된 시럽을 만드는데, 유리병에 저장해 두었다가 나중에 신선한 커피와 물을 더해 두 배의 강도로 만들어 사용한다.

아랍 커피의 준비 및 서빙 의식은 유네스코의 무형 문화유산에 등재되어 있다. 유네스코 목록에 따르면 아랍 커피는 아랍 사회에서 환대의 중요한 요소이며 관대함의 의식적 행위로 간주된다.

아랍 커피와 관련된 사회적 코드는 최대 100개, 어쩌면 더 많을 수도 있다. 커피가 없으면 어떤 만남도 불가능하다. 일반적으로 1~3개의 فناجين(fanaajin, 전통 아랍 작은 서빙 컵인 فنجان의 복수형) 커피가 제공되며, 손님은 오직 오른손으로만 이 컵을 받고 돌려준다. 누군가의 컵이 반 이상 차 있다면, 당신이 오래 머무는 것을 환영하지 않는다는 것이 분명하다.

아라비아 반도

첫 번째 컵(الهيف, Al-Haif, '시험')은 호스트가 마신다. 과거에는 독이 들지 않았다는 것을 증명하기 위해서였지만 오늘날에는 호스트가 품질을 테스트하는 것이다. 두 번째 컵(الضيف, A-Daif, '손님')은 손님에게 제공된다. 손님이 바로 음료를 마시지 않는다면, 호스트에게 요청할 것이 있다는 뜻이다. 세 번째 컵(الكيف, Al-Kaif, '분위기')은 손님 마음대로 마시거나 그대로 둘 수 있다. 네 번째 컵(السيف, A-Saif, '검')은 군사 및 시민 동맹을 의미하며 많은 사람들이 이에 수반되는 책임 때문에 이를 그대로 둔다. 다섯 번째 잔은 과거에 기사의 잔으로 알려졌는데, 그 잔을 마시는 것은 주는 사람을 위해 확실한 복수를 하거나 전쟁에 나설 것을 맹세한다는 뜻이다.

오늘날 아랍 커피는 문화적으로 매우 중요하다. 달라(dallah)는 아랍 에미레이트 연합의 동전에도 새겨져 있다. 정체성에 중요한 역할을 하는 달라는 종종 화려하게 장식되기도 하며, 가정에도 전시된다. 아랍 커피의 준비 및 서빙 의식은 유네스코의 무형 문화유산에 등재되어 있다. 유네스코 목록에 따르면 아랍 커피는 아랍 사회에서 환대의 중요한 요소이며 관대함의 의식적 행위로 간주된다.

수 세기에 걸친 전통이 부족의 수장과 노인들 사이에서 커피를 마시는 의식으로 유지되고 있지만, 아라비아 반도의 커피포트 주변에서 조금 덜 형식적인 모임을 보는 것은 드문 일이 아니다.

قهوة سعودية 사우디 카와

걸프 커피

사우디아라비아와 인접한 걸프만 아랍국가들의 커피는 매우 가볍게 로스팅된다. 이 커피는 카다멈 향이 나고, 때로는 사프란, 정향, 장미향도 난다. 이 커피를 추출하면 달콤하면서 향긋한 노란색 혹은 주황색을 띤 음료가 된다. 이보다 더 진하게 로스팅된 다른 스타일의 아랍 커피와 구별하기 위해 영어로 걸프 커피라 부르고 있다.

볶지 않은 생두 14g(3테이블스푼)
(아래 Notes 참조)

물 500ml(17fl oz, 달라 또는 피쳐를 따뜻하게 데울 물은 별도로 준비)

가볍게 으깬 그린 카다멈 깍지 3개

사프란 한 꼬집

대추야자, 곁들이는 용

다음의 것도 필요:
달라 또는 서빙 피쳐, 아랍 또는 튀르키예식 커피포트, 또는 작은 냄비

오븐을 180℃(355℉)로 예열한다. 베이킹 시트에 커피 원두를 펼친다. 7~9분 동안 굽는데, 자주 저어주면서 탈수가 되어 녹색이 아주 조금 남은 매우 밝은 갈색이 될 때까지 굽는다. 땅콩 버터보다 밝은 색이어야 한다.

오븐에서 꺼내 즉시 나무 표면에 붓는다. 전통적으로는 콩을 매트 위에 부으면서 온도를 떨어뜨린다.

갓 끓인 물을 달라나 서빙 피쳐에 붓는다. 이렇게 하면 나중에 커피를 부을 때 커피가 식는 것을 방지할 수 있다. 커피를 분쇄한다. 대부분의 가정에서는 원두를 굵게 갈지만 중간 굵기로 갈아 추출해 보면서 선호도에 맞게 조절하면 된다.

500ml(17fl oz)의 물을 아랍식 또는 튀르키예식 커피 포트나 작은 냄비에 붓고 끓인다. 분쇄 커피를 넣고 약불로 줄여 10분 동안 끓인다. 커피가 거품을 일으켜 포트나 냄비에서 넘칠 것 같으면 불을 약간 줄인다.

카다멈을 넣고 2분간 더 끓이다가 불을 끈다. 달라 또는 서빙 피쳐를 비우고 사프란을 조금 넣는다. 달라 또는 서빙 피쳐에 든 커피를 체에 부어 거른다. 가루가 가라앉도록 둔 다음 작은 컵에 부어 서빙한다. 대추야자와 함께 제공한다.

Notes:
이 레시피를 사용하려면 볶지 않은(녹색) 생두를 찾아야 한다. 당신이 있는 지역의 커피 로스터가 소량 판매할 수도 있다. 그렇지 않으면 일반적으로 작은 팩을 온라인으로 주문할 수 있다. 아랍 커피는 가장 오래된 커피 추출 스타일 중 하나로, 하나의 레시피로 전체 기술을 요약하는 것은 불가능하다. 추출법은 국가마다 매우 다양하며 가족마다 대를 이어 추출법이 전승된다. 모든 가정에서 커피를 다르게 준비하므로 로스팅 수준과 향신료 조합은 직접 실험해보는 것이 좋다.

قهوة سادة
카와 사다

무가당 아랍 커피

말 그대로 플레인 커피인 카와 사다는 미디움~다크 로스팅 커피를 무가당으로 제공하며 카다멈으로 맛을 낸다. 웰컴 커피(손님에게 제공되는 편이다)라고도 하고, 남부에서는 북부 커피라고 부르며, 사막 유목민들 사이에서 인기가 있기 때문에 베두인(Bedouin, 천막생활을 하는 아랍 유목민) 커피로 알려져 있다. 이런 스타일의 쓴 아랍 커피는 아라비아 반도와 이집트, 이라크, 시리아, 요르단에 걸쳐 음용되며 약간의 지역적 차이가 있다.

물 1컵

미디엄-다크 로스트 커피 1큰테이블스푼
분쇄도: 곱게

카다멈 가루 ½티스푼

대추야자, 곁들이는 용

다음의 것도 필요:
아랍 또는 튀르키예식 스토브탑 커피 포트

커피 포트에 물을 넣고 끓인다. 작은 커피 포트가 없으면 작은 냄비를 사용한다. 커피를 넣고 약불로 줄여 10분간 끓인다.

커피에 거품이 생기고 냄비에서 넘칠 것 같으면 냄비를 불에서 내려 거품이 가라앉을 때까지 기다렸다 다시 불에 올린다. 이 작업을 여러 번 수행하기도 한다.

카다멈을 넣고 2분간 더 끓이다 불을 끈다.

잠시 두어서 찌꺼기를 가라앉힌다. 작은 컵에 따라 대추야자와 함께 제공한다.

Notes:
가정, 지역, 국가에 따라 이 커피 제조 방식이 다르다. 등화수 또는 장미수를 추가하거나 계피, 정향, 생강으로 맛을 내기도 한다. 일부는 설탕과 함께 끓이거나 설탕을 곁들여 제공한다. 이라크에서는 커피를 훨씬 더 오래 끓여서 강하고 농축된 커피 에센스를 만들기도 한다.

튀르키예 커피하우스의 커뮤니티와 속임수

1550년경, 이스탄불: 오스만 커피하우스가 문을 열기 시작한 이래
빠르게 인기 있는 모임 장소가 되었으며
모스크 출석률은 감소했다.

오스만 제국은 두 번째 밀레니엄의 대부분을 유럽 남동부, 북아프리카, 서아시아의 많은 지역을 통제하거나 행정적 지위를 가졌다. 1300년대에 건국된 이래 제국의 수도는 대부분 이스탄불이었다. 역사가들은 카베(커피)가 술탄 술레이만(서방에서는 술레이만 1세로 알려짐)의 통치 기간인 1538년 오스만 제국이 예멘을 점령한 이후 튀르키예 사회에 소개되었다고 믿는다. 예멘에서는 신비주의 교단, 즉 수피교도들이 밤마다 디크르를 위해 깨어 있기 위해 커피를 마셨다. 다른 사람들은 커피가 수십 년 전에 소개된 것으로 여겨지는 이집트(1517년 이후 오스만 제국에 의해 통치됨)를 통해 튀르키예에 도착했을 수 있다고 믿는다.

하버드 대학의 튀르키예학 교수인 세말 카파다(Cemal Kafadar)는 자신의 에세이 《밤의 역사는 얼마나 어두운가, 커피의 이야기는 얼마나 검은가, 사랑의 이야기는 얼마나 쓰라린가: 초기 근대 이스탄불의 변화하는 여가와 즐거움(How Dark is the History of the Night, How Black the Story of Coffee, How Bitter the Tale of Love: The Changing Measure of Leisure and Pleasure in Early Modern Istanbul)》에서 지금까지 발견된 이스탄불 커피에 대한 최초 언급은 1539년이었다고 언급한 바 있다. 대제독은 튀르키예

커피실 또는 방을 지칭하는 카페 오다시(kahve odası)를 포함하여 재산으로 등록했다. 카파다 교수는 또한 오스만 역사가 이브라힘 페체비(Ibrahim Peçevi)의 약 100년 후의 기록에 나오는, 1550년대에 나타나기 시작한 이스탄불 최초의 카베하네스(커피 하우스)에 대한 자세한 설명이 널리 받아들여지고 있다고 지적한다.

오스만 커피하우스는 순식간에 일상적인 사회 구조의 일부가 되었다. 그들은 다양한 인종과 종교적 배경을 가진 남성들이 만나 이야기와 지식을 공유할 수 있는 "제3의 장소"를 제공하는 세속적 공간이었다. 커피의 자극 효과는 오스만 사회에서 사랑받았고 이 장소들의 카페인에 대한 열정이 핵심 요소였다. 지식인, 작가, 사업가, 반체제 인사, 스파이로 가득 찬 커피 하우스는 만남의 장소, 토론의 온상, 커뮤니티 모임 공간이었다.

튀르키예식으로 브루잉하면 텔베(telve, 커피 침전물)로 채워진 매우 뜨겁고 강한 커피가 나오는데, 마시기 전에 텔베를 가라앉혀 마신다. 우유 없이 마셨으며, 처음에는 설탕이 널리 보급되지 않았기 때문에 설탕도 넣지 않았다. 커피는 이동하면서 마시는 것이 아니었고, 커피하우스의 개발로 만들어진 전용 공간에 여유롭게 앉아서 즐기는 것이었다.

점차 커피하우스가 오스만 사회생활의 중심이 되면서 일부 종교인들은 모스크 출석률이 감소한 것을 불쾌하게 여겼다. 페체비(Peçevi)는 오스만 제국에 관한 17세기 기록 《타리히 페체비(Tarih-i Peçevi, 페체비의 역사)》에서 이렇게 말한다. "이맘(Imams)과 무에진(muezzins)과 경건한 위선자들은 이렇게 말했다. '사람들은 커피하우스의 중독자가 되었다. 아무도 모스크에 오지 않는다!' 울레마(이슬람 율법에 대한 전문 지식을 갖춘 이슬람 학자)는 '그것은 악행의 집이다. 거기보다 술집에 가는 것이 낫다.' 특히 설교자들은 그것을 금지하기 위해 많은 노력을 기울였다."

17세기 내내 정부는 사회적 불안의 이유를 커피하우스와 연관시켰다. 그들은 불만의 씨앗이 이러한 공공장소에

서 뿌려졌다고 믿었다. 그들은 이 공공장소가 계층의 구분을 무시하고 다양한 그룹 간의 상호 작용을 허용한다고 생각했다. 문맹자에게도 알리고 교육하기 위해 뉴스를 큰 소리로 읽었다. 궁전에 대한 소문이 퍼졌다. 술탄에 대한 반란 행위가 계획되었다. 정부 요원들은 이 통제할 수 없는 상호 작용이 사회 질서에 위협이 된다고 믿었다. 따라서 커피하우스는 종교적, 사회적인 이유로 커피하우스의 확산과 영향력을 제한하기 위해 때때로 금지되었다. 이러한 금지령은 대체로 무시되고 번복되고 여러 번 재현되었으며 커피 소비는 계속 증가했다.

> 튀르키예식 커피는 매우 곱게 분쇄된
> 커피와 물을 체즈베에 끓여서 양조한
> 다. 지금은 보통 스토브에서 양조하지
> 만 전통적으로는 석탄으로 가열했다.

양조에 반대하지 않는 술탄의 통치 기간 동안의 커피는 궁전에서도 인기가 좋았다. 시카고 대학의 오스만 및 튀르키예 문화, 언어 및 문학 교수인 하칸 카라테케(Hakan Karateke)는 궁전에 헌신적인 커피 마스터가 많이 있었을 것이라고 말했다. 카베시바시(kahvecibaşı: 최고 커피 메이커)는 수행원들과 함께 "정부 인사들"에게 커피를 제공했다. 그는 또한 커피를 준비하는 데 사용되는 화려한 양조 냄비, 컵, 쟁반, 자수 놓은 천과 같은 귀중한 품목의 유지 및 관리를 담당했다. 카베치 우스타(kahveci usta, 커피 서비스의 안주인)는 술탄의 개인 공간에서만 커피 시중을 들었다.

오스만 시대에 커피는 보통 달지 않은 블랙으로 마셨다. 오늘날 이란, 그리스, 아라비아 반도에서 인기 있는 유향, 계피, 아니스, 정향과 같은 향료는 튀르키예에서도 사용된다. 현재에는 커피를 달게 해서 마시기도 한다. 주문할 때 촉 세켈리에(çok şekerli, 단맛), 오르타 세켈리에(orta şekerli, 중간

단맛), 아즈 세켈리에(az şekerli, 최소 설탕) 또는 사데(sɛde, 일반)를 지정해야 한다. 비교적 현대에 와서는 강렬한 브루잉 커피와 함께 제공되는 쫄깃하고 달콤한 동반자인 장미 향이 나는 로쿰(lokum, 터키시 딜라이트)이 곁들여 나오기도 한다. 카라테케 교수는 어린 시절 축제날이면 커피와 함께 나오던 체리와 레몬 술도 회상했지만, 현대에는 거의 그러지 않는다.

튀르키예식 커피는 매우 곱게 간 커피와 물을 체즈베(cezve, 전통적으로 황동이나 구리로 만든 특수한 긴 손잡이가 달린 양조 냄비)에 끓여서 만든다. 지금은 보통 스토브에서 양조되지만 전통적으로는 석탄으로 가열했다.

장비의 품질이 커피의 맛을 좌우한다. 커피주전자인 체즈베의 물시계 모양은 중요하다. 이 모양이 잘 잡혀 있어야 커피를 쉽게 부을 수 있고, 커피를 기울일 때 일종의 깔때기 역할도 하며, 커피 주전자의 주둥이에서 핀칸(fincan, 주로 유리나 도자기, 또는 구리와 같은 금속으로 만든 작은 컵)으로 가는 물 흐름이 잘 만들어진다. 핀칸은 종종 뜨거운 컵을 잡을 수 있는 손잡이를 제공하는 자프(zarf)라고 하는 화려한 금속 홀더와 함께 사용한다.

체즈베 목의 모양은 액체를 부을 때 커피 찌꺼기의 일부를 걸러낸다. 더 중요한 것은, 튀르키예식 커피의 적절한 브루잉 방식에 필수적인 거품을 만드는 데 있어 좁아진 목이 중요하다는 것이다. 커피가 든 냄비를 불에 얹었다 떼는 걸 반복하면서 온도와 거품을 관리한다.

1700년대 사파비 왕조 후기, 이란에 살면서 연대기를 기록한 폴란드 예수회 소속 타데우시 크루신스키(Tadeusz Krusiński)는 오스만 제국에서 커피를 마시는 방법을 자세히 설명하는 중요한 문서를 출간했다. 안나 말렉카(Anna Malecka)가 번역한 《튀르키예식 커피를 마시는 적절한 방법에 대한 설명(Pragmatographia de legitimo usu Amb rozyi Tureckiey)》에서는 커피가 걸쭉해질 때까지(ağır kahve, 무거운 커피) 끓였다고 언급하지만 "더 정제되어... 가라앉을 때까지 커피를 마시지 않는다." 그런 다음 크루신스키는 가루가

튀르키예

더 빨리 가라앉도록 사슴뿔 가루를 뿌리는, 오랫동안 잊혀졌던 방법을 자세히 설명한다.

컵 바닥에 남은 커피 가루는 튀르키예 문화에서 또 다른 용도로 사용된다. 튀르키예 문화 재단에서 기사를 발행한 예심 궤세(Yeşim Gökçe)에 따르면 kahve falı(커피점)는 수 세기 동안 시행되어 왔다. 완성된 커피 컵 위에 받침을 놓고 뒤집어서 식힌다. 그러면 커피를 마신 사람, 친구 또는 전문가가 커피 찌꺼기가 남긴 모양을 해석하여 커피를 마신 사람의 과거를 읽고 미래를 점치는 것이다.

이 진하고 강력한 커피는 튀르키예 관습에 따라 공복에 마시면 안 된다. 이러한 이유로 아침 식사에 대한 튀르키예어 단어는 카흐발트(kahvaltı)이다. 즉 kahve는 커피를 의미하고 altı는 아래를 의미하는데 사회 문맥상 '커피 이전'이라고 받아들여지는 것이다. 이 외에도 커피에 대한 튀르키예의 사랑이 언어에 스며든 예시가 있다. 튀르키예어로 갈색은 카베렌기(kahverengi)인데, 문자 그대로 '커피의 색'이라는 뜻이다.

현지인들이 이스탄불 피에르 로티 언덕에서 튀르키예식 커피를 즐기고 있다. 이스탄불 7개 언덕의 탁 트인 전망을 제공하는 이 카페는 전통적인 스타일의 커피를 찾는 관광객들을 끌어들인다.

Türk Kahvesi 투르크 카베시

튀르키예식 커피

튀르키예식 커피는 주로 설탕을 곁들인 블랙으로 제공된다. 제대로 추출하려면 체즈베(cezve)라는 손잡이가 긴 추출 포트가 필요하며 온라인에서 쉽게 찾을 수 있다(튀르키예식 커피 포트라고 검색하면 된다). 일반적으로 작은 컵에 담겨 물 한 잔과 로쿰(lokum, 터키시 딜라이트) 한 조각과 함께 제공한다.

물 90ml(3fl oz)

라이트~미디엄 로스트 커피 7g(1큰테이블스푼)
분쇄도: 튀르키예식 파인(슈가 파우더처럼 아주 곱게)

과립 설탕 1티스푼, 또는 취향에 따라

서빙용 터키시 딜라이트

다음의 것도 필요:
체즈베(튀르키예식 커피 추출 포트),
특수 튀르키예식 커피 그라인더 또는 수동 버 커피 그라인더(아래 Notes 참조)

체즈베에 물을 붓고 약 60℃(140℉)가 될 때까지 센 불에서 가열한다. 온도계를 사용하여 온도를 측정한다.

뜨거운 물 표면에 커피를 뿌린다. 휘젓지 말고 설탕을 넣는다. 커피가 가라앉기 시작하면 몇 번 젓고 불을 낮춘다.

액체에 거품이 생기기 시작하므로 주의해야 한다. 체즈베를 불에서 잠시 내리거나 거품이 아주 적게 유지되도록 불을 더 낮춘다.

액체가 끓으면 안 된다. 대신 두꺼운 거품이 생기도록 한다. 거품이 냄비 목 위로 올라와 거의 넘칠 즈음에 체즈베를 불에서 내린다.

1인분 이상 끓인 경우 각 컵에 조금씩 부어 거품을 분산시킨 다음 반복하여 컵을 채운다.

커피를 바로 마시지 말고 거품과 커피 침전물이 가라앉을 때까지 기다린다.

터키시 딜라이트와 함께 서빙한다.

Notes:
분쇄 커피 가루를 사용하는 경우 오래 지속되는 거품을 만들기 위해 가열 및 냉각 단계를 반복해야 한다. 불에서 체즈베를 꺼내면 거품이 가라앉는다. 다시 불에 올린 다음 상승과 식힘 과정을 한두 번 더 반복한다. 커피가 신선하다면 거품이 오래 지속되기 때문에 한 번의 상승만으로도 가능하다. 가정용 블레이드 앤 버 그라인더는 튀르키예식 커피에 사용할 만큼 곱게 커피를 갈 수 없다. 튀르키예식 그라인더를 찾을 수 없다면 수동 버 그라인더(페퍼 밀과 비슷한 방식으로 작동)를 찾아 최대한 곱게 갈아 보자.

밀수된 콩과
인도의 계절풍

1600년대, 카르나타카: 커피에 관한 유명한
전설에 따르면 수피교 성자 바바 부단은
메카를 향한 순례에서 커피를 밀반입함으로써
커피 생산에 대한 아랍의 요새를 무너뜨렸다.

인도의 커피 역사에 대한 이야기는 종종 매혹적인 전설로 시
작된다. 수피교 성자 바바 부단(Baba Budan)은 7개(이슬람
에서 상징적인 숫자)의 커피 씨앗을 예멘에서 카르나타카 치
크마갈루르(Chikmagalur, Karnataka)에 있는 그의 집으
로 밀반입하여 예멘의 커피 생산 독점을 깨뜨렸다. 전설 버
전마다 다양한데, 일부에서는 커피 씨앗들이 그의 수염에 숨
겨져 있었다고 하고, 다른 버전에서는 그의 가슴에 묶여 있
었다고도 한다.

커피가 인도 해안에 처음 도착했던 정확한 순간은 불
분명하지만, 인도 무역상과 상인들은 커피가 아라비아 반도
와 이슬람 세계 전역에 퍼지기 시작하면서 커피를 처음 접했
을 가능성이 높다. 인도와 아라비아 반도 사이의 무역은 고
대부터 이어져 왔다.

일부 소식통은 만약 바바 부단이 아니라면 인도에 처음
으로 커피나무를 가져온 사람은 초기 아랍 무역상들이었을 것
이라는 가설을 세웠고, 다른 소식통은 17세기 말라바(Mal-
abar)에서 있었던 네덜란드 실험으로 인도의 커피 재배 이야
기를 시작한다. 많은 사람들이 식민지와 연관을 지어서 이야
기한다. 인도의 커피 생산 증진을 추진하는 인도 커피 위원회
(Coffee Board of India)는 "영국 식민지 기업가들이 남인도
의 삼림 지대를 정복한 후" 1800년대에 대규모 상업 농장이

시작되었다고 기록한다. 그러나 연구원 바스와티 바타차리야
(Bhaswati Bhattacharya)는 자신의 논문인 〈세계 상품의
지역 역사: 19세기 마이소르와 쿠르그의 커피 생산량(Local
History of a Global Commodity: Production of Coffee
in Mysore and Coorg in the Nineteenth Century)〉에서
적어도 19세기 말까지는 핵심 지역의 지역 재배자가 유럽에서
온 재배자를 훨씬 능가했다고 말했다.

그렇게 커피에 관심을 가진 이들은 식민 세력만이 아니었
다. 인도는 주로 차를 마시는 나라로 여겨지지만 커피 또한 17
세기 무굴 제국에서 인기 있는 음료였다. 역사가 스티븐 P 블레
이크(Stephen P. Blake)는 그의 저서 《무굴 제국의 최고 도시
샤자하나바드 1639-1739(Shahjahanabad, The Sovereign
City in Mughal India 1639-1739)》에서 옛 델리(Old Delhi:
무굴 제국의 옛 수도)에 카와카나(قهوه, qahwakhanas, 커피
에서 유래)로 가득 찼다고 언급한다.

때로는 진취적인 정부가 인도의 커피 산업을 지원하기
도 했다. 바타차리야는 저서 《커피에 대한 많은 소동: 인도
커피하우스의 현재와 과거(Much Ado Over Coffee: Indian
Coffee House Then and Now)》에서 대공황과 제2차 세계
대전 사이의 식민 경제 정책이 수출 흑자를 가져왔다고 말
한다. 커피 산업을 지원하기 위해 정부는 인도 커피를 국내
외에 판매하는 것을 목표로 인도 커피 세스 위원회(Indian
Coffee Cess Committee)라는 조직을 설립했다. 잉여 커피
판매를 돕기 위해 1936년 봄베이를 시작으로 전국에 인디언
커피하우스(Indian Coffee House)라는 카페 체인점을 열었
다. 1950년대에는 노동자들이 커피 위원회가 소유권을 넘겨
주는 것을 확신할 때까지 폐쇄할 계획을 세우기도 했다. 오
늘날까지 노동자들은 전국의 여러 협동조합을 통해 인디언
커피하우스를 운영하고 있다.

이러한 시설들은 인도의 거실이라고 불렸다. 산쿠르샨
타쿠르(Sankurshan Thakur)는 그의 저서인 《비하리 형제
들(The Brothers Bihari)》에서 "인디언 커피하우스는 내가

처음으로 총통과 파시즘, 그리고 노동계급(Proletariat)과 자본가계급(Bourgeoisie) 같은 단어를 들었던 곳이었다"라고 설명했다.

그렇다면 오늘날 인도에서는 일반적으로 커피를 어떻게 소비할까? 남부의 전통적인 브루잉 방식은 다양하게 불리는데, 미터 카피(meter kaapi), 쿰바코남 디그리 커피(Kumbakonam degree coffee), 마이솔 필터(Mysore filter) 또는 밀라포어 필터(Mylapore filter)라고 한다.

> 인도 남부에서는 종종 향신료를 커피와 혼합한다. 인도는 세계에서 두 번째로 큰 카다멈 생산국이므로 프렌치 프레스에 카다멈 몇 개를 추가하는 것은 드문 일이 아니다.

커피에서 온 차용어인 카피(Kaapi)는 두 개의 컵으로 구성된 특수 필터에서 양조되며, 컵 위에 컵을 쌓는 형태다. 위의 컵에는 커피 찌꺼기와 탬핑을 위한 동글납작한 압착 원반이 들어 있으며, 추출물이 떨어질 수 있도록 작은 구멍이 많이 나 있다. 진한 브루잉 커피에 우유와 설탕을 섞어 전통적인 마드라스 스타일의 텀블러인 다바라(dabara)에 붓는다.

> 원두 자체에 관해 말하자면, 인도의 엄청난 규모와 다양한 기후가 커피 재배에 비옥한 토양을 제공한다. 전국적으로 다양한 품종과 스타일이 재배되고 있다.

텀블러와 서빙 접시 사이에서 앞뒤로 커피를 붓는 것은 커피를 블렌딩하고, 유화시키고, 식히고, 스팀 완드로 추가되는 여분의 물 없이 공기를 주입시키기 위함이다. 그 맛은 당신이 그냥 섞어서 함께 볶았을 때와 확연히 다르다. 이 앞뒤로 붓는 남인도식 필터 방식이 어떻게 미터 카피라는 이름을 얻었냐면, 그 음료가 1미터 높이에서 접시에 부어지기 때문이다.

커피는 종종 치커리 뿌리와 섞어서 로스팅된 후 분쇄된다. 치커리는 양조하는 동안 뜨거운 물을 조금 더 오래 머금고 있기 때문에 더 진한 식감을 내고 더 강한 추출이 가능하다.

인도 남부에서는 종종 향신료를 커피와 혼합한다. 인도는 세계에서 두 번째로 큰 카다멈 생산국이므로 프렌치 프레스에 카다멈 몇 개를 추가하는 것은 드문 일이 아니다.

갓 내린 커피가 가장 사랑 받고 있지만, 인도의 많은 사람들은 인스턴트 커피 또는 3-in-1 패키지를 우유, 얼음, 설탕 듬뿍, 때로는 아이스크림과 함께 블렌더에 넣고 휘저은, 향수를 불러일으키는 차가운 커피도 좋아한다.

원두 자체에 관해 말하자면, 인도의 엄청난 규모와 다양한 기후가 커피 재배에 비옥한 토양을 제공한다. 전국적으로 다양한 품종과 스타일이 재배되고 있으며 하나의 고유한 가공 스타일이 현재 인도의 상품 지리적 표시법에 따라 보호 받고 있다. 널리 알려진 몬순 말라바(Monsooned Malabar)는 생두를 남서 계절풍(Monsoon Wind)에 노출시켜 만들어지며, 이로 인해 색상이 변하고 독특한 풍미와 부드러운 찬미가 생긴다.

인디언 커피하우스는 현재 케랄라 트리반드룸(91페이지)의 독특한 벽돌 구조와 서벵골 콜카타(95페이지 상단)의 대형 주점을 포함하여 인도에서 400개에 달하는 지점을 운영하고 있다.

Filter Kaapi 필터 카피

필터 커피

인도의 다른 지역에서는 차이(차)가 왕이지만 인도 남부에서는 필터 카피가 규칙이다. 1미터 높이의 커피 메이커에서 컵에 음료를 부어 혼합하고 거품을 내기 때문에 미터 카피(meter kaapi)라고도 한다. 치커리(뿌리를 분말로 만들어 커피 대용품으로 사용)를 항상 사용하지는 않지만, 고품질의 커피에서는 사용한다. 피베리(257페이지 참조) 블렌드도 시도해 보자.

커피 블렌드 25g(5작은테이블스푼):
80% 미디엄 로스트 커피,
구운 치커리 가루 20%
분쇄도: 곱게

뜨거운 물 180g(6 ½oz)
(93~96℃/200~205℉)

우유 1컵

취향에 따라, 설탕

다음의 것도 필요:
인도식 커피 필터(아래 Notes 참조), 다바라(da-bara) 텀블러와 받침, 또는 두 개의 금속 컵

분쇄된 블렌드 커피를 인도식 커피 필터인 상단 챔버에 넣고 표면을 평평하게 만든다. 구멍이 뚫린 인서트를 사용해 가볍게 눌러주고 필터를 제자리에 둔다. 전체 도구를 저울 위에 놓고 0점을 맞춘다.

물 40g(1 ½oz)을 추가한다. 커피 분말이 젖을 정도로만 물을 붓는다. 필터의 뚜껑을 닫고 15초간 그대로 둔 다음 눈금이 180g(6 ½oz)이 될 때까지 뜨거운 물로 상단 챔버를 채운다. 뚜껑을 덮고 커피가 걸러질 때까지 최대 20분 동안 그대로 둔다. 이렇게 추출하는 방식을 "달이기"라고 한다.

다른 쪽 냄비에 우유를 데운다. 거품이 나기 시작하면 불을 끄고, 너무 많이 튀지 않고 액체를 담을 수 있을 만큼 충분히 큰 다른 용기에 최대한 멀리 떨어뜨린 채 붓는다. 이렇게 하면 우유 거품이 생기고 위에 점막이 생기는 것을 방지할 수 있다.

달인 커피를 다바라 텀블러에 붓고 우유를 원하는 만큼 채운다. 취향에 따라 설탕을 추가한다.

다바라 텀블러와 받침 접시 사이로 가능한 한 높은 위치에서 혼합물을 붓는다(이렇게 하면 우유에 공기가 들어가고 설탕이 혼합되며 유화된다). 잘 섞여 크림 같은 거품이 날 때까지 몇 번 반복한다.

Notes:
인도 커피 필터가 없으면? 금속 재질 서버에 커피와 물을 넣고 30초 동안 뚜껑을 덮고 기다렸다가 저은 후 다시 뚜껑을 덮는다. 1~2분 동안 그대로 둔 다음 무명천이나 고운 체에 걸러낸다. 치커리 뿌리는 단단해서 커피 그라인더에 넣으면 안 된다. 나만의 치커리-커피 블렌드를 만드는 경우 이미 곱게 간 구운 치커리를 구입해 사용한다. 커피 필터가 새 것이 아닌 경우, 약한 불 위에 윗부분을 올려 오래된 커피 찌꺼기를 태워 없앤다. 금속이 매우 뜨거워지므로 주의해서 다뤄야 한다.

Chukku Kaapi 추쿠 카피

생강 커피

케랄라에서는 추쿠 카피, 타밀 나두에서는 카루파티 카피를 볼 수 있다. 둘 다 재거리(야자즙 조당)으로 달게 만들고 종종 매운 맛이 나기도 한다. 추쿠(chukka)는 말라얄람어(인도의 케랄라주에 사는 드라비다족의 언어)로 생강을 의미하고 카루파티(karupatti)는 타밀어로 재거리를 의미한다. 이 매콤달콤한 음료는 부비강을 깨끗이 하고 종종 기침이나 감기를 치료하는 아유르베다 치료법에 쓰이기도 한다.

물 700ml(24fl oz)

재거리 또는 황설탕 3테이블스푼

생강 가루 1 ½티스푼

간 후추 ¼티스푼

약간 으깬 그린 카다멈 깍지 2개

커민 씨 ½티스푼

말린 툴시(홀리 바질) 1테이블스푼 또는 신선한 툴시 잎 10장

미디엄 로스트 커피 1큰테이블스푼
분쇄도: 중간

냄비에 물을 끓인다. 재거리 또는 흑설탕을 추가하고(덜 달게 하려면 준비한 양을 모두 사용할 필요는 없음) 녹을 때까지 젓는다.

생강, 후추, 카다멈, 커민을 넣는다. 5분 동안 뚜껑을 덮고 끓인다. 불을 약하게 낮추고 툴시와 커피를 넣고 저은 다음 다시 뚜껑을 덮고 2~3분 더 끓인다.

무명천이나 체에 거르고 컵에 담아 뜨겁게 서빙한다.

Notes:
추쿠와 카루파티 카피는 둘 다 재거리로 달게 만들지만 카루파티 카피는 때로 향신료 없이 재거리로만 만든다. 추쿠 카피는 때로 재거리와 생강으로만 만들지만 조리법에 따라 다른 향신료가 추가되기도 한다. 조리법은 지역과 가정마다 다르다. 어떤 사람들은 고수씨나 정향을 추가하기도 하니 자유롭게 실험해 보자.

Cold Coffee 콜드 커피

아이스 커피

이 손쉬운 아이스 커피 레시피는 뜨거운 인도 여름을 나기 위한 필수품이다. 커피 밀크 쉐이크에 가까운 음료로 인도 전역의 카페에서 찾을 수 있다. 준비하고 만들기가 쉬워 집에서 자주 만들어 마시는 음료다. 많은 사람들에게 어린 시절의 향수를 불러일으키는 음료이기도 하다.

인스턴트 커피 1테이블스푼

뜨거운 물 2테이블스푼

설탕 ½테이블스푼(취향에 따라)

전유 1 ⅛컵

바닐라 아이스크림 ¼컵

인스턴트 커피를 블렌더에 넣고 뜨거운 물을 부어 녹인다.

설탕을 넣고, 설탕과 커피 혼합물에 약간 거품이 나고 설탕이 섞일 때까지 블렌더를 몇 번 돌린다.

우유와 아이스크림을 넣고 거품 많이 날 때까지 1~2분 동안 블렌더를 돌린다.

Notes:
차가운 커피의 전형적인 풍미를 유지하기 위해서는 인스턴트 커피와 설탕이 중요하다. 탈수 과정을 거친 인스턴트 커피는 일단 혼합되면 더 부드럽고 거품이 많은 음료가 된다. 설탕은 점도를 증가시켜 거품을 더 오래 유지하게 만든다. 물론 인스턴트를 사용하지 않으려면 에스프레소나 진한 커피를 사용하여 만들 수 있지만 농도가 다르다. 일부는 아이스크림을 생략하거나 커피, 설탕, 아이스크림 대신 아시아 전역의 식료품점에서 쉽게 찾을 수 있는 3-in-1 패키지를 사용한다. 3-in-1 믹스로 만든 차가운 커피는 길게 갈수록 더 부드러워지기 때문에 2~3분 정도 더 오래 갈아야 한다.

자바의 영적 고향에서의 재배와 창의성

1696년, 네덜란드 동인도 제도: 아라비카 커피는 자바 섬에 심어져 현재 인도네시아의 약 12,000개 섬에서 수 세기에 걸쳐 재배되며 커피 문화를 만들었다.

커피의 입말—자바—이 인도네시아에서 가장 큰 섬 중 하나의 이름과 같은 것은 우연이 아니다. 인도네시아는 오랫동안 커피 역사에서 중요한 역할을 해왔다. 세계에서 가장 큰 섬나라인 인도네시아는 17,508개의 섬으로 구성되어 있으며 그중 약 12,000개에 사람이 거주한다. 300개가 넘는 민족과 문화의 고장이자 수백 가지의 전통적인 커피 재배, 수확, 가공 및 양조 방법이 있으며 그중 많은 방법이 세대를 거쳐 전해 내려오고 있다.

역사가들은 네덜란드인들이 1690년대에 자바 섬에 커피를 도입했다고 믿고 있다. 섬에서 재배된 일부 식물은 암스테르담에 있는 호르투스 보타니쿠스(Hortus Botanicus) 식물원으로 보내졌고, 프랑스 왕에게 선물되었다. 프랑스 식민지인 마르티니크로 보내진 묘목이 증식하여 향후 50년 동안 보고된 1,800만 그루의 커피나무의 원조가 되었다. 카리브해, 남미 및 중앙아메리카 전역에서 재배되는 대부분의 커피나무는 자바에 뿌리를 두고 있다.

자바에서 커피 재배가 성공하면서, 수마트라, 술라웨시, 발리를 포함한 다른 섬에도 커피 농장들이 생겼다. 처음에 재배된 커피는 모두 깊은 풍미와 품질로 인정받는 아라비카 종이었다. 그러나 1800년대 중반에 동아프리카에서 커피

녹병이라는 진균 병이 발견되었다. 1876년까지 이 파괴적인 질병은 인도네시아 전역의 커피 농장으로 퍼졌다.

네덜란드인들은 두 개의 다른 종인 리베리카와 카네포라(로부스타)를 도입했는데, 로부스타가 아라비카보다 질병에 훨씬 더 잘 견디고 재배하기 더 쉬운 것으로 판명되었다. 그 결과 오늘날 인도네시아 커피 생산량의 대부분은 로부스타이며, 인도네시아는 세계 최고의 로부스타 생산국 중 하나이다. 리베리카(Liberica)는 여전히 내수용으로 재배되고 있다.

수마트라 섬은 아라비카 커피로 유명하다. 이 커피는 산도가 낮고 바디감이 무겁고 흙냄새가 나는 독특한 풍미가 있다. 이 맛은 길링 바사(giling basah)라고 하는 이 지역 고유의 습식 가공법의 결과이다.

인도네시아는 코피 루왁(kopi luwak) 또는 사향고양이 커피로 유명해졌다. 신선하고 잘 익은 커피체리를 작은 포유류 동물인 야생 사향고양이가 먹고 소화해서 배설한 콩을 수집해 가공한다. 술라웨시 섬에서 생산되는 코피 토라티마(kopi toratima)는 비슷하지만 잘 알려져 있지 않은데, 야행성 유대 동물들이 잘 익은 커피체리를 선택하고 열매를 먹은 다음 뱉은 콩을 농부들이 숲 바닥을 헤집어 수집한다.

인도네시아는 커피 역사에서 중요하고 귀중한 위치에 있지만, 식민지 착취라는 어두운 면을 무시할 수 없다. 커피 무역은 네덜란드인들에게 매우 높은 수익을 가져다준 것은 사실이나, 커피 생산이 지역 농부들의 삶을 개선했다고 보기는 어렵다.

1830년경, 네덜란드 총독은 인도네시아 역사가들이 강제 재배(Tanam Paksa)라고 부르는 컬투어스텔셀(Cultuurstelsel)의 정부 정책을 위임했다. 세입 확대 정책은 네덜란드령 동인도의 자원을 착취하고 일련의 전쟁으로 인해 발생한 심각한 재정 상황에서 네덜란드를 구출하기 위한 것이었다. 자바 사람들은 식민 정부를 위해, 커피와 같은 특정 상업 작물을 심기 위하여 경작지의 일부를 떼어놓도록 강요

당했다. 컬투어스텔셀(Cultuurstelsel) 시행 이전에도 네덜란드인들은 이미 1700년대 초부터 강제 커피 재배법(Pre-angerstelsel)을 통해 서부 자바(순다족의 고향)의 파라얀간(Parahyangan—Preanger)에서 커피 재배를 시행하고 있었다.

> 인도네시아는 커피 역사에서 중요하고 귀중한 위치에 있지만, 식민지 착취라는 어두운 면을 무시할 수 없다. 커피 무역이 네덜란드인들에게 매우 높은 수익을 가져다준 것은 사실이나, 커피 생산이 지역 농부들의 삶을 개선했다고 보기는 어렵다.

네덜란드령 동인도 전역에서 자급자족하던 농부들은 어느새 수출용 작물로 가득 찬 들판에서 노새처럼 일해야 했다. 마을 사람들의 땅은 법적으로 묶여 있었고 자주 빈곤에 처했다. 농사가 흉작이거나 질병이 발생하면 많은 사람들이 끊임없는 굶주림에 시달려야 했다.

그들의 곤경이 네덜란드에 퍼지자 사람들은 개혁을 외쳤다. 컬투어스텔셀은 1800년대 중후반에 점진적으로 해체되었고, 1870년 네덜란드에서 통과된 농업법은 외국인이 땅을 임대할 수는 있으나 인도네시아인만 토지를 소유할 수 있다고 규정했다. 그러나 일부 지역 농부들이 실제로 개인 농장을 소유하기 시작한 건 1945년 인도네시아 독립 선언 이후였다.

여러 세대에 걸쳐 인도네시아인들은 일상생활에 커피를 접목해 왔고, 자연스럽게 커피 문화도 매우 다양해졌다. 가장 일반적이었던 건 오픈 팬 로스팅인데, 여전히 일부 시골 지역이나 작은 마을에서 사용되고 있다. 장작불 위의 웍에서 커피를 볶은 후 큰 나무 방앗간에서 손으로 분쇄한다.

일부 지역에서는 팬에 묵은 코코넛 조각을 추가하기도 하고, 또는 옥수수 알갱이, 쌀, 찹쌀 또는 녹두를 추가하는 등 지역별로 다양하다.

식민지 시대에는 많은 로스터 사업체를 중국계 중상류층 사람들이 소유했다. 이 코피 파브릭크(koffie fabrieks, 네덜란드 커피 공장)는 코피 부북(kopi bubuk, 커피 가루)을 판매했다. 그들은 유럽에서 로스팅 기계를 수입했는데, 그중 상당수는 오늘날에도 여전히 이 사업의 4대 또는 5대째 소유주가 사용하고 있다.

최근에는 커피는 보통 노점상이나 동네 작은 커피숍에서 구입한다. 상점의 이름은 다양하지만(아체의 keude kupi, 자바와 발리의 warung kopi, 때로는 수마트라의 kedai kopi), 이 상점에서 모두 커피를 마시고, 대화를 나누고, 세상이 흘러가는 것을 지켜보는 비슷한 문화를 공유한다.

> 자바 남부의 욕야카르타에서는 뜨거운 숯 조각을 블랙 커피에 첨가하여 코피 조스를 만든다. 한 연구에 따르면 숯이 커피의 산도를 낮춰서 위의 부담을 줄여 준다고 한다.

인도네시아 커피는 다양한 스타일로 만들어진다. 코피 투브룩(kopi tubruk)이라고 불리는 기본 브루잉 커피는 간단하게 커피 가루에 뜨거운 물을 부어 만든다. 중부 자바의 오일 및 티크나무 생산 지역에서는 매우 걸쭉해질 때까지 설탕과 함께 끓인 코피 쿠툭(kopi kuthuk) 커피가 있다. 자바 동쪽의 도시 투룽가궁(Tulungagung)에서는 코피 이조(kopi ijo, 생두 커피)가 유명하다. 커피숍 주인은 볶지 않은 커피를 납품 받아 점토 냄비에 살짝 볶는다. 이 원두로 음료를 브루잉하면 녹빛을 띤다.

코피 텔루르(Kopi telur, 또는 kopi talua) 또는 달걀

인도네시아

커피는 서부 수마트라 전역에서 마신다. 뜨겁고 달콤한 커피를 휘핑한 달걀 노른자 위에 붓고 그 위에 라임 조각을 얹어 만드는데, 때로는 약간의 바닐라를 얹는다. 또한 서부 수마트라에서는 미낭카바우(Minangkabau) 사람들이 카와 다운(kawa daun)을 만든다. 그들은 커피 잎을 말리고 볶은 후 커피 잎차를 만들기 위해 푹 담가둔다. 자바 남부의 욕야카르타에서는 뜨거운 숯 조각을 블랙 커피에 첨가하여 코피 조스(kopi joss)를 만든다. 한 연구에 따르면 숯이 커피의 산도를 낮춰서 위의 부담을 줄여 준다고 한다.

중부 자바의 북부 해안 마을인 라셈에서는 남자들이 코피 투브룩을 마시고 남은 커피 찌꺼기를 두드려 남아 있는 수분을 마저 제거한 다음 연유와 섞어 반죽을 만든다. 이 반죽과 이쑤시개나 숟가락을 사용하여 양식화된 꽃과 바틱 문양과 같이 아름답고 정밀한 패턴으로 담배를 장식한다. 이러한 유형의 민속 예술은 라셈(Lasem)에서 엔젤렛(ngelelet), 또는 자바의 다른 지역에서는 나이테(nyethe)라고 불린다. 장식이 마르면 담배를 피운다. 커피는 담배에 매운 맛을 더해 준다고 한다.

이 페이지에 소개된 서부 자바의 커피 농장에서는 커피 재배, 수확 및 건조부터 로스팅할 원두 선택에 이르기까지 모든 단계가 수작업으로 이루어진다.

Kopi Rarobang 코피 라로방

생강과 견과류 커피

생강 커피는 인도네시아의 여러 지역에서 즐겨 마시는 음료다. 코피 하리아(kopi halia), 코피 자흐(kopi jahe), 코피 고라카(kopi goraka) 등의 이름으로 불린다. 말루쿠 제도(몰루카스)는 인도네시아의 "향신료 섬"이라고도 불린다. 육두구, 정향과 같은 인기 있는 요리 향신료의 원산지이기 때문이다. 코피 라로방은 말루쿠주의 주도인 암본의 전통음료다. 이 달콤하고 뜨거운 음료에는 현지에서 자란 야생 견과인 케나리를 얇게 썰어 얹어서 바삭함을 더한다.

물 2컵

얇게 썬 신선한 생강 30g(1oz)

작은 계피 스틱 1개

정향 2개

판단 잎 1장

그래뉴당 40g(3테이블스푼)

커피 2테이블스푼
분쇄도: 중간

껍질을 벗긴 케나리(필리) 견과류 1큰테이블스푼
(아래 Notes 참조)

물, 생강, 계피, 정향, 판단 잎을 팬에 넣고 뚜껑을 덮고 중불로 끓이면서 젓는다. 연한 황금색이 될 때까지 약 10분간 계속 끓인다.

팬에 설탕을 넣고 저으며 녹인다. 설탕을 녹인 액체가 끓으면 불을 줄이고 분쇄 커피를 추가한다. 뭉근히 끓을 때까지 젓고 불을 끈다.

작은 팬을 새로 가열하는 동안 앞의 음료는 그대로 둔다. 케나리 또는 필리 너트를 썰어 팬에 노릇노릇해질 때까지 굽는다. 작은 체에 거른 커피를 서빙 컵에 붓고 구운 견과류를 얹는다.

Notes:
전통적으로 코피 라로방은 인도네시아 동부가 원산지인 케나리 너트를 사용하여 만든다. 이 열매를 인도네시아 호두라고 부르기도 하는데, 일반적인 호두와는 다르다. 필리 너트는 훌륭한 대체품이다. 인도네시아 외의 지역에서도 쉽게 찾을 수 있는 필리 너트는 호두와 같은 속에 속하는 종이다. 인도네시아에서는 필리 너트를 케나리라고도 한다. 필리 너트도 없을 경우 잣이 가장 좋은 대용품이다.

 바지구르

향신 코코넛 밀크

바지구르는 서부 자바의 수다네스 사람들이 즐겨 마시는 코코넛 밀크 기반 음료다. 옛날부터 긴 대나무 장대를 들고 다니는 행상들이 팔았는데, 한쪽에는 뜨거운 바지구르가, 다른 한쪽에는 함께 먹을 삶은 콩, 과일, 견과류가 들어 있었다.

신선한 생강 30g(1oz)

코코넛 밀크 1컵

물 1컵

야자 설탕 40g(3 ⅓테이블스푼), 단단한 종류라면 얇게 분쇄된 것, 또는 흑설탕

매듭이 있는 판단 잎 1장

작은 계피 스틱 1개

커피 1큰티스푼
분쇄도: 중간

소금 한 꼬집

금속 집게를 사용하여 생강의 가장자리가 살짝 탈 때까지 가스불에 굽는다 (가스불이 없으면 이 단계 생략). 망치나 몽둥이를 사용하여 즙이 나올 정도로 생강을 으깬다.

코코넛 밀크와 물을 작은 팬에 붓고 생강, 야자 설탕, 판단, 계피, 분쇄 커피, 소금을 넣는다.

약한 불에서 코코넛 밀크가 분리되지 않도록 천천히 계속 젓는다. 표면에 작은 기포가 생기면 팬을 불에서 내리고 생강, 계피, 판단을 내열 유리 용기에 담는다. 바지구르를 용기에 조심스럽게 걸러 담는다.

Notes:
바지구르는 전통적인 커피 음료는 아니지만 가정, 지역에 따라 다양한 조리법이 있다. 요즘은 일반적인 커피 메뉴에 포함된다. 일부 레시피에는 어린 코코넛이나 토디 야자 열매를 추가하기도 하고, 아니면 레몬그라스를 추가하고 계피를 생략하기도 한다.

Es Kopi Apulkat 에스 코피 아풀카트

인분

아이스 아보카도 커피

아보카도는 유럽과 북미에서는 일반적으로 야채로 취급되지만 실제로는 과일이다. 아시아와 중남미에서는 스무디와 달콤한 요리에 자주 사용한다. 인도네시아에서는 커피와 연유를 블렌딩하여 얼음 위에 올리거나 얼음과 블렌딩하여 시원하고 상큼한 스무디로 마신다.

잘 익은 아주 큰 아보카도 1개

가당 연유 4테이블스푼

얼음 80~100g(큰 얼음 조각 3개)

신선한 우유 또는 코코넛 우유 ¼~⅓컵

토핑에 사용할 초콜릿 맛 연유(Notes 참조)

차게 한 에스프레소 60ml(2fl oz),
또는 물 ¼컵에 녹인 인스턴트 커피 4큰티스푼

아이스크림 1~2스쿱

다음의 것도 필요:
블렌더

아보카도 과육을 떠내어 가당 연유, 얼음, 우유나 코코넛 밀크 ¼컵과 함께 믹서기에 넣는다.

쉽게 부을 수 있는 스무디 수준이 될 때까지 블렌더를 작동시킨다. 너무 걸쭉하면 우유를 더 넣는다(아보카도 크기에 따라 다름).

아보카도 스무디를 따르기 전에 서빙 잔 안쪽에 초콜릿 맛 연유(또는 초콜릿 시럽)를 약간 뿌린다. 아보카도 스무디를 따르고 그 위에 물을 섞은 에스프레소 또는 인스턴트 커피를 얹는다.

그 위에 아이스크림 한 스쿱을 올리고, 원한다면 초콜릿 맛 연유를 더 뿌린다.

Notes:
어떤 곳에서는 블렌더에 모든 재료를 함께 넣어 갈기도 하지만, 지금의 인도네시아 커피숍은 대부분 위의 레시피와 같은 전통적인 아포가토 스타일 음료를 제공한다. 초콜릿 맛 연유가 없으면 초콜릿 시럽으로 대체 가능하다.

Kopi Serai 코피 세라이

레몬그라스 커피

레몬그라스 커피인 코피 세라이는 인도네시아 전역에서 마시는 음료다. 경우에 따라서는 다른 향신료로 맛을 내거나 다른 이름으로 불린다. 이 레몬그라스 커피의 기본 레시피에는 생강도 함께 넣어 사랑스럽고 균형 잡힌 풍미를 만들어 낸다. 인도네시아에서는 백생강에 비해 씹는 맛이 강하고 후추 맛이 강한 토종 적생강을 많이 사용한다.

물 1컵

다진 레몬그라스 1줄기

작은 조각의 신선한 뿌리 생강(가능한 적생강)

알갱이 설탕 1 ½테이블스푼

커피 2작은테이블스푼
분쇄도: 중간

물, 레몬그라스, 생강, 설탕을 냄비(뚜껑이 있는 것)에 넣고 센 불에 올린다. 설탕이 녹을 때까지 저으면서 끓인다. 팬에 뚜껑을 덮고 불을 약하게 하여 10분 동안 계속 끓인 후 불을 끈다.

팬에 분쇄 커피를 추가한다. 3~4분 동안 그대로 두었다가 헝겊 필터 또는 고운 체에 걸러 컵에 담아 서빙한다.

Notes:
인도네시아의 약 12,000개 유인도에서 커피에 향신료와 과일을 첨가하는 경우가 많은데 이러한 유사 음료에는 다양한 이름이 있다. 동부 자바의 전통적인 레몬그라스 커피는 웨당 포카크(wedang pokak)에 적생강, 정향, 계피, 판단, 레몬그라스, 기타 향신료 등을 넣어 커피 음료로 만든다. 코피 렘파(kopi rempah, 향신료 커피)는 같은 재료로 만들지만 자바 칠리, 후추, 카풀라가(둥근 흰색 자바 카다멈)도 추가된다. 자신만의 향신료와 설탕을 조합하여 원하는 버전을 찾아보자.

신세계를 향한
커피의 디딤돌

1492년, 카스티야 왕국: 크리스토퍼 콜럼버스가
스페인에서 출항하여
아메리카 대륙에 상륙했다.
그리고 오래 이어질 대서양 횡단의 식민지화와
사람과 농작물의 이동이 시작되었다.

커피가 스페인에 언제 처음 소개되었는지는 확실하지 않다. 아마도 711년부터 700년 이상 스페인과 포르투갈의 많은 지역이 이슬람교의 지배를 받았던 알–안달루스 시대였을 것이다. 이 기간이 끝날 무렵 커피가 아라비아 반도와 이슬람 사회 전체에 빠르게 퍼지기 시작했기 때문에 커피가 스페인 해안에 닿았을 가능성도 있다. 또 다른 이야기는 커피를 대중화한 튀르키예 이민자에 대한 이야기이며, 나중에 우리는 스페인과 포르투갈 전역에서 "프랑스 식"으로 커피를 마셨다는 기록들을 확인한다. 우리는 커피가 유럽 전역에 퍼졌고 그 식민지가 두 번째 밀레니엄 중후반 동안 지속되었다는 것을 알고 있다. 그렇지만 커피는 적어도 처음에는 유럽의 많은 지역에서 그랬던 것처럼 스페인에서 크게 유행하지 않았다. 스페인에서는 초콜릿과 와인을 더 선호했다.

그러나 스페인 선박은 커피나무를 세계 곳곳으로 운반했다. 15세기 말부터 19세기 초까지 스페인이 아메리카 대륙을 식민지화하는 동안 스페인 제국은 중앙아메리카 대부분, 북미 및 남미 대부분, 카리브해의 많은 섬으로 확장되었다. 1492년 크리스토퍼 콜럼버스가 이끄는 서부 항해는 유럽과 아메리카 대륙을 최초로 연결했다. 콜럼버스는 카스티야 왕국(지금은 스페인의 일부)으로부터 자금을 지원받았고 스페인 정복자들이 무역로를 건설하고 아메리카 대륙을 스페인과 다른 유럽 식민지에 개방할 수 있는 길을 열었다.

이후 수 세기 동안 대륙 간의 식물, 농작물, 아이디어, 기술(및 질병)의 교환은 '콜롬비아 교환'으로 알려지게 되었다. 커피는 스페인을 포함한 유럽 탐험가와 식민지 개척자들의 손에 들려 아메리카와 카리브해 전역에 널리 소개되었다. 18세기에 스페인 식민지 개척자들이 멕시코에 최초의 커피를 심었고, 또 다른 현대 커피 재배 국가인 과테말라에는 스페인 예수회가 최초로 커피를 도입했을 가능성이 높다. 스페인 선교사들은 1700년대 후반, 멕시코에서 커피나무를 가져와 필리핀에도 소개했다. 스페인으로 돌아가서, 커피 소비는 비록 느리긴 하지만 증가했다. 스페인과 포르투갈은 식민지 커피 재배에 훨씬 더 편리한 아프리카까지 식민지 세력을 확장해갔다.

누가 처음으로 커피에 우유를 첨가했는지는 확실하지 않지만, 스페인에서는 16세기 초부터 핫 초콜릿에 우유를 첨가해 왔다. 따라서 카페 콘 레체(café con leche, 우유를 넣은 커피)가 스페인에서 가장 인기 있는 커피 음료 중 하나가 되었고, 다른 스페인어권 국가로 빠르게 확산되었고, 오늘날에도 이 음료가 여전히 인기가 있다는 것은 전혀 놀라운 일이 아니다.

카페 콘 레체는 일반적으로 거품 없이 뜨거운 우유와 블랙 커피를 1:1로 섞은 것이다. 우유와 커피의 비율은 조정할 수 있다. 카페 만차도(café manchado)는 우유가 더 많고, 카페 코르타도(café cortado)는 우유가 적다. 카페 솔로(café solo)는 에스프레소와 같은 블랙 커피고, 카페 봄본(café bombon)은 발렌시아에서 발명된 가당 연유가 들어간 카페 솔로(café solo, 블랙 커피)이다. 대부분의 스페인 가정은 집에서 카페테라(cafetera, 이탈리아식 스토브탑 브루어)를 사용하여 양조한다(39페이지 참조). 커피에 알코올을 첨가하는 것도 일반적이다. 카라히요(carajillo)는 전국적인 술 음료이고, 지역에 따라 다양한 제조법이 있는데 기본적으로

Solo	Largo	Semi Largo	Solo Corto	Mitad
TANTUM	LONGUM	SEMILONGUM	TANTUMTANTILLUM	NE QUID NIMIS

Entre Corto	Corto	Sombra	Nube	No me lo ponga
IN MEDIAS RES	TANTILLUM	UMBRACULUM	NUBECULA	HORROR VACUI

커피, 브랜디, 레몬 껍질, 설탕이 들어간다.

스페인 선박은 커피나무를 세계 곳곳으로 운반했다. 스페인이 아메리카 대륙을 식민지화하는 동안 스페인 제국은 중앙아메리카 대부분, 북미 및 남미 대부분, 카리브해의 많은 섬으로 확장되었다.

스페인을 여행하는 많은 여행자들은 보기에 거의 차이가 없음에도 카페 솔로와 다른 곳의 에스프레소의 맛 차이를 알아차린다. 이것이 커피가 커피숍에 도착하기도 전에 일어나는 과정 때문이라는 것을 아는 사람은 거의 없다. 토레팩토(torrefacto, 스페인어로 볶는다는 뜻) 방법은 커피 수입이 귀해졌던 스페인 내전 동안 인기를 얻었다고 한다.

누가 처음으로 커피에 우유를 첨가했는지는 확실하지 않지만, 스페인에서는 16세기 초부터 핫 초콜릿에 우유를 첨가해 왔다. 따라서 카페 콘 레체가 스페인에서 가장 인기 있는 커피 음료 중 하나가 된 것은 놀라운 일이 아니다.

토레팩토 방식에서 커피 원두는 구운 설탕 층으로 코팅되어 커피의 부피를 최대 20%까지 증가시킨다. 전 세계 여러 국가의 로스터는 이 설탕 코팅 방법을 사용하면 콩이 산화되는 것과 증발을 방지하며 품질 낮은 원두의 풍미를 가린다고 주장한다.

토레팩토식으로 로스팅된 원두는 매우 진한 커피, 두꺼운 크레마, 그리고 쓴맛이 특징이다. 동남아시아에서와 마찬가지로 이 로스팅 스타일은 스페인 커피 문화에 널리 자리잡고 있으며 맛에도 영향을 키쳤다. 이 전통적인 로스팅은 오늘날까지도 인기가 있다. 스페인에서 스페셜티 커피의 인기가 올라감에도 불구하고 전통적인 토레팩토, 내추럴 로스트 또는 메즈클라(mezcla, 내추럴 로스트와 블렌드된 토레팩토)는 여전히 전국의 전통 카페와 식료품점에서 제공 및 판매되고 있다.

말라가 중앙 카페(Málaga Café Central)의 타일 벽은 일반 블랙 커피인 솔로(solo)부터 노 메 로 퐁고(no me lo pongo)에 이르기까지 모든 취향에 맞는 커피를 제공한다. 마지막에 바에 있는 잔 아래에 있는 문장은 "더 이상은 마시게 마세요"라는 뜻으로, 약간의 유머를 담았다.

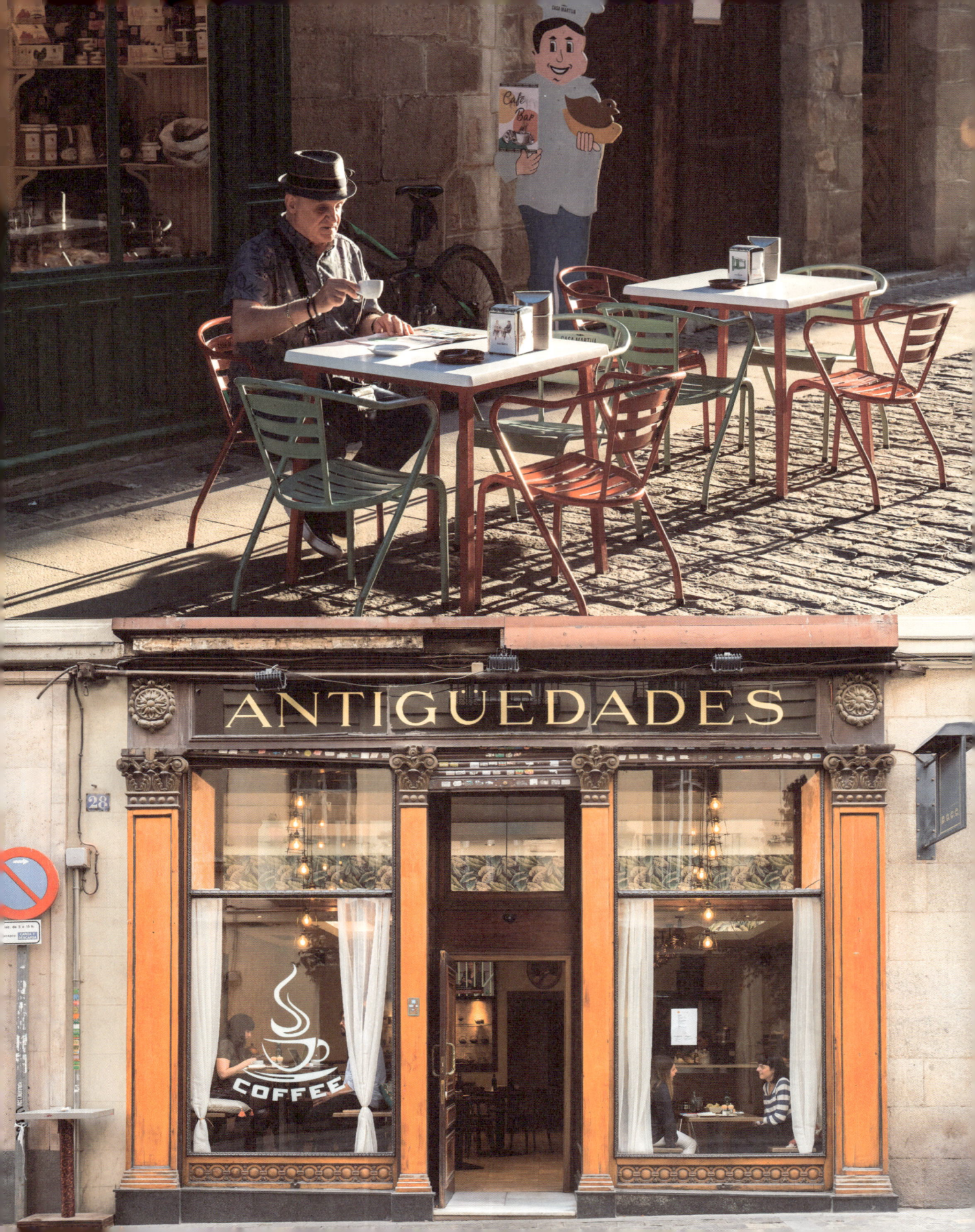

Carajillo 카라히요

브랜디 커피

카라히요의 기원은 자세히 알려진 바 없지만 스페인 군대가 용기(el coraje)의 음료를 만들기 위해 브랜디에 커피를 첨가했다는 설이 유력하다. 스페인어 사용권에서는 이 커피 칵테일에 일반적으로 브랜디를 사용하지만, 다른 문화권에서는 위스키, 코냑, 럼, 아니제트 또는 Licor 43(스페인 리큐르)을 사용한다.

브랜디 60ml(2fl oz)

커피 원두 2~3개

설탕 1티스푼

에스프레소 또는 신선하게 추출한
블랙커피 120ml(4fl oz)

작은 우유 피처에 브랜디, 커피 원두, 설탕을 섞는다. 가능하면 긴 막대 형태의 라이터를 사용하여 이 혼합물에 불을 붙인다(아래 Notes 참조). 5~8초 후 피처 위에 접시를 올려 불을 끄고 서빙 잔에 붓는다.

브랜디 위에 커피를 붓고 서빙하기 전에 섞는다.

Notes:

집에서 술에 불을 붙이는 것은 경험이 없는 사람에게 권장하기 어렵지만 시도할 계획이라면 먼저 온라인에서 동영상을 시청하면서 안전한 방법을 익히도록 한다. 1인분 정도로 소량의 알코올을 사용하면 불꽃이 보이지 않거나 작게 보일 수도 있다. 조리법은 스페인어권 전역에 걸쳐 다양하다. 브랜디에 불을 붙이기 전에 작은 계피 스틱 조각이나 레몬 껍질을 조금 추가해 보자. 사용하는 주류를 다양하게 바꿔도 된다.

Cremat 크레마트

향신 커피와 럼주

카탈루냐의 전통주인 크레마트는 쿠바에서 럼주와 음악을 가슴에 품고 돌아온 선원들이 즐겨 마셨다고 한다. 하바네라스(ha-baneras)라고 불리는 지역적 특색을 가진 음악이 시작되었을 때, 크레마트 위에 알코올을 붓고 불을 태우면서 이 포크송을 틀었다고 전해진다.

럼주 1컵

설탕 1테이블스푼

작은 계피 스틱 1개

커피 원두 2테이블스푼

레몬 껍질 5cm(2인치) 조각

오렌지 껍질 5cm(2인치) 조각

진한 커피 1잔

다음의 것도 필요:
작은 내열성 질 냄비, 금속 팬 또는 소형 주철 더치 오븐

작은 내열성 질 냄비가 있으면 사용한다. 그렇지 않으면 작은 금속 팬이나 작은 주철 더치 오븐이 적합하다. 알코올에 불이 붙을 수 있도록 상당히 넓은 바닥을 가진 도구가 필요하다.

럼, 설탕, 계피, 커피콩, 레몬 껍질을 냄비나 팬에 넣는다. 조심스럽게 불을 붙이고 3~5분 동안 계속 저어 풍미를 더하고 알코올을 약간 태운다.

끓인 커피 잔에 붓고 불이 꺼질 때까지 커피를 젓는다. 불이 완전히 꺼지면 서빙 컵에 붓는다.

Notes:
이 레시피는 주의를 기울여 제조하자. 모든 사람에게 부엌에서 술을 불에 태우라고 권할 수는 없지만, 이 요리 방법에 익숙한 사람들에게는 정말 좋은 음료다. 만약 시도하고 싶다면 야외에서 하는 것이 좋다. 안전하게 플람베 하는 요령을 찾아보고 방염 오븐 장갑과 긴 방염 도구를 사용하자.

Café Leche y Leche 카페 레체 이 레체

연유 코르타도

말 그대로 "커피 우유와 우유"라는 뜻의 이 달콤한 음료는 스페인 카나리아 제도에서 가장 큰 테네리페 섬에서 온 것이다. 커피와 스팀 우유의 비율을 1:1로 해서 만드는 스페인 인기 에스프레소 음료인 코르타도에 연유를 첨가하여 만든다(코르타도 레체 이 레체라고도 함).

우유 60ml(2fl oz)

연유 2테이블스푼

에스프레소 또는 진한 블랙 커피 60ml(2fl oz)

에스프레소 스팀 완드, 우유 거품기 또는 칵테일 쉐이커를 사용하여 우유 거품을 낸다.

연유를 작은 유리잔 바닥에 붓는다. 층이 깨지지 않도록 부드럽게 커피를 따르거나 추출한다. 데운 우유를 붓고 위에 거품을 올린다. 마시기 전에 젓는다.

Notes:

카페 레체 이 레체는 남쪽에서는 바라키토, 북쪽에서는 자페로코라고 불리며 카나리아 제도에서는 인기있는 칵테일 베이스다. Licor 43 한 잔과 레몬 한 조각을 추가한다. Licor 43을 찾을 수 없으면? 다른 바닐라 리큐어로 대체하기만 하면 된다. 뜨거운 우유는 빼고 커피와 연유를 1:1 비율로 사용하면 또 다른 스페인의 고전 커피 발렌시아의 봄본(café bombón)을 마스터한 것이다.

커피, 럼
그리고 혁명

1791년, 산토도밍고(Saint-Domingue):
인구의 89%가 아프리카인 노예였으며,
이들 중 다수는 설탕과 커피 농장에서 일했다.
숫자의 힘을 깨달은 그들은 반란을 일으켜
농장을 파괴하고 세계 최초의 흑인 공화국인
아이티를 향한 길을 만들었다.

카리브해 군도는 일반적으로 13개의 독립 주와 17개의 종속 영토를 포함하는 백만 평방 마일 이상의 면적으로 구성된다. 1492년 크리스토퍼 콜럼버스의 항해로 유럽과 아메리카 대륙 사이의 항로가 열린 후 스페인, 영국, 네덜란드, 프랑스의 식민지 개척자들은 이 지역에 엄청난 변화를 가져왔다.

커피는 1700년대 초 프랑스와 네덜란드에 의해 카리브해에 소개되었다. 커피나무는 마르티니크 섬과 산토도밍고(현재의 아이티와 도미니카 공화국인 히스파니올라 섬의 프랑스령 식민 도시)와 수리남 본토에 뿌리를 내렸다. 아메리카 대륙의 보편적인 커피의 기원 신화는 1720년경 프랑스 해군 장교인 가브리엘 드 클리외(Gabriel de Clieu)가 긴 바다 항해를 통해 묘목을 프랑스 식민지인 마르티니크(Martinique)로 운반한 일화이다.

불과 50년 후, 마르티니크에는 1,800만 그루 이상의 커피나무가 자라게 되었으며, 그중 다수가 클리외의 묘목에서 번식된 것이라고 한다. 마르티니크에 처음 가져왔던 이 몇 그루의 커피나무들이 카리브해와 중남미 전역에 퍼진 대다수 커피나무의 기원이다. 그러나 커피는 산토도밍고(Saint-Domingue)와 수리남(Suriname)에 약간 더 일찍 도착한 것

으로 생각되며, 클리외가 살아있는 식물을 가지고 마르티니크에 도착하기 전에 이미 커피 열풍이 아메리카 대륙에 퍼지기 시작했다.

식민지 착취는 토착 원주민 인구 감소부터 노예 무역의 도입과 농장 경제 제도까지, 카리브해 지역을 완전히 바꾸어 놓았다. 역사가들은 19세기에 불법화될 때까지 정확히 얼마나 많은 아프리카인들이 대서양 횡단 노예무역을 통해 아메리카 대륙으로 왔는지 논쟁하는데, 확실한 것은 수백만 명이 카리브해에 도착했고 그들 중 많은 수가 설탕이나 커피 농장에서 일했다는 것이다.

1791년까지 산토도밍고는 아메리카 대륙에서 가장 수익성이 높은 식민지였다. 이 작은 섬에서 전 세계 커피의 절반과 설탕의 40%가 생산되었다. 섬 인구의 89%가 노예였다. 같은 해 노예는 반란을 일으켜 농장과 영지를 파괴하고 프랑스를 물리쳤다. 아이티 혁명이라고 불리는 이 혁명은 모든 프랑스 영토에서의 노예 제도를 폐지했으며 역사상 가장 성공적인 노예 반란으로 기록되었다.

농장이 파괴된 후 패배한 프랑스 농장 소유주는 쿠바, 자메이카, 루이지애나, 푸에르토리코로 서둘러 도망쳤고, 가져온 그들의 기술과 지식으로 성장 중인 커피 산업을 지원했다. 히스파니올라섬은 세계 최고의 커피 생산국으로서의 지위를 완전히 되찾지 못했지만, 아이티와 도미니카 공화국은 현재 카리브해에서 가장 큰 커피 생산국이다. 대부분의 커피 농장은 소규모 농부들이 운영한다.

19세기 초 쿠바는 주요 커피 생산국이 되었다. 다음 2세기 동안 커피 생산량은 최고조에 달했다가 감소했는데, 무역 금수 조치, 무역 파트너가 부과한 관세, 허리케인, 쿠바 혁명, 소련(주요 무역 파트너)의 붕괴, 세계 커피 가격 하락 등의 영향을 받았다. 기복은 있었지만 쿠바인의 커피 사랑은 지속되었다. 생산량이 줄어든 해에는 국내 수요를 위해 커피를 수입할 정도였다.

카리브해의 설탕 농장에서 설탕 정제의 부산물인 당밀을 발효 및 증류할 수 있다는 사실이 발견되었다. 사탕수수 럼은 결국 이 지역의 필수품이 되었으며 특히 자메이카에서는 럼과 커피가 오랫동안 사랑을 받아 왔다.

1962년 쿠바 미사일 위기 이후 쿠바는 식량 불안정에 시달렸고 보조금 가격으로 식량을 배급했다. 커피는 식량 배급의 일부이며 추가 공급품은 암시장에서 구입하거나 형편만 된다면 자유 시장에서 매우 높은 가격으로 살 수 있다. 커피 배급량의 대부분은 병아리콩이나 치커리와 혼합되어 양을 늘린 것이다.

희소성에도 불구하고 쿠바 커피 문화는 깊다. 전통적인 커피 브루잉 방법은 라틴 아메리카 전역에서 사용되는 천 필터를 사용하지만 쿠바인들은 이제 카페테라(cafetera, 스토브탑 에스프레소 메이커 또는 모카 포트. 카리브해의 다른 지역에서는 그레카(greca)라고도 불린다)로 내린 브루잉 커피나 에스프레소를 마시는 것을 좋아한다. 쿠바인이 가장 좋아하는 커피인 카페시토(cafecito, 쿠바 외부에서는 카페 쿠바노(café cubano), 즉 쿠바 커피로 알려짐)는 약간의 에스프레소와 흑설탕을 휘저어 에스푸마(espuma)라고 하는 캐러멜색의 거품으로 만들어진다. 에스푸마는 남은 커피를 부을 때 컵의 위쪽으로 올라간다. 커피는 오랫동안 비싸고 대량으로 구입하기 어려운 물품이었기 때문에 때로는 호텔과 카페에서 사용된 커피 찌꺼기가 푸에스토 드 카페(puestos de cafes, 커피 가판대) 및 카페 데 레쿠엘로(cafe de recuelo, 두 번 걸러낸 커피)를 만드는 저렴한 시설에 팔리기도 했다.

자메이카는 이안 플레밍의 영웅 제임스 본드가 "세계에서 가장 맛있는 커피"라고 선언한 블루마운틴 지역에서 재배된 커피로 유명하다. 이 커피는 수십 년 동안 좋은 풍미와 쓴맛이 적은 특성으로 사랑 받아 왔다. 그러나 1980년대에 자메이카 정부는 실제로 생산되는 것보다 더 많은 블루마운틴 커피가 판매되고 있다는 사실을 깨달았다. 소중한 커피의 명성이 돌이킬 수 없이 훼손되는 것을 막기 위해 정부는 블루마운틴 커피를 지리적 표시 보호(PGI) 제품으로 국제적으로 인정받도록 추진했다.

전통적인 커피 브루잉 방법은 라틴 아메리카 전역에서 사용되는 천 필터를 사용하지만 쿠바인들은 이제 카페테라로 내린 브루잉 커피나 에스프레소를 마시는 것을 좋아한다.

이제 블루마운틴 커피는 100% 엄격한 프로토콜을 거쳐 특정 농장에서 특정 품질의 커피를 생산해야 한다. 생산자들은 수십 년 동안 블루마운틴 브랜드를 구축하고, 시그니처 나무통에 담아 인증된 커피를 수출하고, 50개국 이상에서 상표를 등록했다. 이러한 특성이 스페셜티 커피에서 유행하기 전에, 블루마운틴 커피는 이미 자체적으로 추적 가능한 단일 산지의 고품질 커피로서의 명성을 구축한 것이다. 항상 품질을 추구하는 커피 시장인 일본은 1970년대부터 모든 자메이카 커피의 80% 이상을 구매하는 열성적인 구매자였다.

카리브해의 설탕 농장에서 설탕 정제의 부산물인 당밀을 발효 및 증류할 수 있다는 사실이 발견되었다. 사탕수수 럼은 결국 이 지역의 필수품이 되었으며 특히 자메이카에서는 럼과 커피가 오랫동안 사랑을 받아 왔다. 지금은 이탈리아에서 생산되지만 커피 바닐라 리큐어인 티아 마리아(Tia Maria)는 원래 자메이카에서 현지 커피와 자메이카 럼을 사용하여 만들어진 것이다.

라틴 아메리카의 많은 국가에서 커피는 전통적으로 천 필터 양말로 브루잉하고 설탕으로 단맛을 낸다. 필터 방법은 조금씩 다르게 변형한 방법이 수없이 있다. 코스타리카의 초레아도르(Chorreador)처럼 나무 프레임에 걸치기도 하고, 다른 사람들은 멕시코, 푸에르토리코, 도미니카 공화국의 콜라도르 드 카페(Colador de café)와 같이 양조 냄비 위에 필터를 놓는다. 도미니카 공화국에는 메디오 폴로(medio pollo, 닭 반 마리)라는 다소 헷갈리는 이름이 붙은, 우유를 약간 넣은 에스프레소가 있다.

아이티와 일부 다른 라틴 아메리카 국가에서는 커피를 로스팅한 다음 설탕을 입힌다. 이것은 스페인에서 동남아시아에 이르기까지 여러 국가에서 풍미를 더하고 콩이 산화되

는 것을 방지하거나 귀중한 재료에 볼륨을 더하기 위해 사용되는 방법이다.

(아래) 말리 커피(Marley Coffee)는 자메이카의 블루마운틴에서 커피를 재배하는 여러 농장 중 하나이다. (136페이지) 카리브인 남자가 전체 유리로 된 KONO 사이펀 진공 커피 메이커를 사용하여 슬로우 브루를 만들고 있다.

Esencia de Café 에센시아 드 카페

커피 농축액

라틴 아메리카와 카리브해 지역의 많은 사람들이 DIY 인스턴트 커피처럼 뜨거운(또는 차가운) 물이나 우유에 이 에센스를 몇 스푼 섞어 간편하게 마신다. 종종 마시는 사람이 원하는 만큼 음료의 강약을 조절할 수 있도록 테이블 위에 놓아 두기도 한다.

라이트~미디엄 로스트 커피 5큰테이블스푼

분쇄도: 곱게

뜨거운 물 1컵(90℃/194℉)

다음의 것도 필요:

메탈 카페테라 고타 아 고타

(한 방울씩 떨어뜨리는 커피 메이커)

(아래 Notes 참조), 목재 교반기

커피를 필터에 넣고, 가볍게 두드려서 가루가 고르게 펴지도록 수평을 맞춘다. 필터에 탬퍼 인서트가 있는 경우 이를 제자리에 놓고 가볍게 누른 다음 충분한 양의 물을 부어 그라운드를 적신다. 그렇지 않은 경우 물이 충분히 스며들도록 붓고 나무 교반기를 사용하여 물이 걸러질 때까지 젓는다.

그런 다음 나머지 물을 동심원을 그리며 천천히 커피 위에 붓고, 걸러지도록 그대로 둔다. 완전히 추출하는 데 몇 분이 소요될 정도로 원두를 곱게 갈아야 한다. 추출은 걸쭉하고, 시럽 같고, 강해야 한다. 그렇지 않은 경우 커피를 더 곱게 분쇄해야 한다.

뜨거운 물이나 차가운 물 또는 우유에 추출액 몇 스푼을 사용하여 원하는 강도로 조절한다.

남은 에센스는 깨끗하고 밀폐된 용기에 담아 냉장고에 보관한다. 최소 일주일 동안 보관 가능하므로 빠르고 쉬운 DIY 커피를 위해 더 많은 양의 에센스를 만들어 사용한다.

Notes:

금속 카페테라 고타 아 고타(140페이지 사진 참조)나 베트남 또는 남인도 스타일의 금속 필터(비슷한 디자인)가 없는 경우 드립 브루어를 사용할 수 있다. 드립 브루어를 사용할 경우 라이트 로스트 스페셜티 등급 커피로 만드는 것이 가장 좋다. 추출하기 전에 분쇄된 커피에 설탕을 넣어서 커피 에센스를 달게 만들 수도 있다. 어떤 사람들은 인스턴트 커피와 물을 섞어서 걸쭉한 페이스트로 만들거나 커피가 걸쭉한 에센스가 될 때까지 끓이기도 한다.

Cafecito 카페시토

쿠바 커피

카페테라(cafeteria, 스토브탑 에스프레소 메이커) 이전에 탄생한 강하고, 작고, 달콤한 카페시토(다른 곳에서는 카페 쿠바노—café cubano—라고 함)는 물, 설탕, 커피를 끓여서 콜라도르(colador, 천 필터)에 여과해 만든다. 오늘날 쿠바에서는 까맣게 볶은 원두를 카페테라나 에스프레소 머신에서 추출한다. 처음 몇 방울은 설탕과 함께 휘저어 걸쭉한 거품, 에스푸마(espuma)를 만든다.

카페테라로 만든(142페이지 방법 참조) 다크 로스트 커피 1 작은 컵, 또는 더블 에스프레소(36페이지 방법 참조)

데메라라 설탕 1티스푼

서빙 컵에 설탕을 넣는다.

카페테라(스토브탑 에스프레소 메이커)를 사용하는 경우 챔퍼 상단에 도달한 커피에 처음 ½티스푼의 설탕을 붓고 카페테라를 다시 가열하여 추출을 계속한다. 에스프레소를 사용하는 경우, 컵에 있는 설탕 위로 첫 두 방울을 떨어뜨린 다음, 나머지는 따를 수 있는 (미리 데워진) 작은 용기에 추출한다.

숟가락이나 작은 거품기를 사용하여 설탕과 커피를 힘차게 쳐서 반죽처럼 만들고 약간의 거품이 생길 때까지 계속한다. 이것이 바로 에스푸마다.

커피의 나머지 부분이 추출되면 조심스럽게 에스푸마에 부어서 컵이 가득 차도록 한다. 이때 에스푸마가 가장 위로 올라온다.

설탕 페이스트를 거품이 날 때까지 휘젓지 않았거나 액체가 너무 적으면 컵 바닥에 무겁게 고인다. 이런 일이 발생하는 것 같으면 붓는 것을 멈추고 여분의 액체로 다시 휘저어 주어야 한다.

Notes:
일반 사탕수수 설탕을 대신 사용할 수도 있지만 데메라라 설탕은 독특한 당밀 풍미가 있다. 우유와 함께 마시는 것을 좋아한다면 데운 우유로 맛을 내거나 연유를 약간 첨가해도 된다. 거품이 나는 데 시간이 꽤 걸리니 생각보다 오래 설탕을 쳐야 한다.

브라질의 카페인
최고점과 최저점

1930년대, 상파울루: 공급 과잉으로 인한
세계 커피 가격의 붕괴의 위험을 막기 위해
정부는 농부들로부터 커피를 구매하여
바다에 버리거나 태우고,
기차와 작은 마을에 동력을 공급하는 데
사용했다.

브라질은 세계 최대의 커피 생산국이며 지난 150년 동안 이
위치를 지켜왔다. 브라질과 커피의 인연은 프란시스코 데 멜
로 팔헤타(Francisco de Melo Palheta)가 국경 분쟁을 해결
하기 위해 프랑스령 기아나로 파견되었다가, 1727년 브라질
로 돌아가는 길에 일부 커피나무를 밀반출하면서 시작되었
다고 한다. 이야기는 그가 떠날 때 그에게 커피 씨앗이 숨겨
진 큰 꽃다발을 선물한 프랑스 총독의 부인과 낭만적인 로맨
스로부터 시작되었다.

이 이야기의 유래는 과장(또는 완전히 조작)되었을 가
능성이 있긴 하지만, 브라질의 커피 생산은 확실히 이 시기
에 증가하기 시작했으며 이후 수십 년 동안 브라질은 세계 최
고의 커피 생산국의 자리를 지켰다. 1850년까지 브라질은 세
계 커피의 절반 이상을 생산했고, 20세기 초까지는 세계의
다른 지역을 모두 합친 것보다 거의 5배나 더 많이 생산했다.

브라질의 대규모 파젠다(커피 농장)의 초기 노동력은
대서양 횡단 노예무역을 통해 브라질로 데려온 아프리카인
노예로 충당했다. 1888년 노예 제도가 폐지되기 전까지 약
4~500만 명의 아프리카인이 브라질로 이송되었으며, 이들
중 다수는 농장에서 일하도록 보내졌다.

노예 제도가 폐지된 후, 농장주 계급(노예가 노동하는
농장을 소유하고 재산을 크게 축적한 부유한 엘리트)은 주
로 유럽에서 온 이주 노동자들에게 눈을 돌렸다. 많은 경우
에, 이 이민자들은 수십 년 전의 노예와 별 다를 바 없는 대
우를 받았다. 농장의 열악한 노동 조건 때문에 이탈리아는
브라질 정부를 농업 노동자를 위한 이민 보조금에서 배제했
다. 결과적으로 브라질은 파젠다를 위한 노동력을 다른 곳에
서 찾기 시작했다.

20세기 초 일본에서는 인구 과잉이 문제가 되었다. 그
원인은 자연 재해, 전쟁, 자급자족하려는 욕구, 인구 증가,
해외에서 돌아온 군인 등 종합적인 것이었다. 이러한 변화는
특히 농촌 농업 노동자들 사이에서 빈곤을 초래했다. 일본은
인구 문제를 해결할 방법을 찾고 있었고, 브라질의 커피 농
장에는 노동자가 필요했기 때문에 두 정부는 쉽게 합의에 이
르렀다. 그 결과 일본에서 온 많은 "커피 이민자"가 결국 브
라질에 정착했다. 오늘날에도 브라질은 일본 이외의 지역에
서 일본계 인구가 가장 많은 나라이다.

브라질의 생산량 수준이 너무 많아서 전 세계적으로 커
피 가격이 인하되었고, 소비자들은 커피를 더 저렴하게 마실
수 있게 되었다. 그 결과 1800년대 후반까지 전 세계 커피 수
요는 계속 증가했다. 그러나 새로운 세기가 시작되면서 지속
해서 증가한 브라질의 생산량은 마침내 수요를 초과했고 커
피 가격은 생산 비용 이하로 떨어졌다.

1906년에는 풍작으로 이전 수확량의 거의 두 배에 가까
운 커피가 생산되면서 재앙이 임박했다. 상파울루 주는 물가
안정 계획 하에 개입했다. 정부는 그해의 커피 수확물을 합
리적인 가격에 구매하고 가격이 상승할 때까지 보유한 채 세
계 수요를 맞출 만큼의 커피만 수출했다. 이후 커피 가격의
폭락은 멈췄고 물가 안정책은 향후 수십 년 동안 브라질 정부
커피 정책의 핵심이 되었다.

> 브라질에서, 전통적인 커피는 간단하게 추출하고, 향료나 크리머를 첨가하지 않는 것을 선호한다. 아침 시간에 인기 있는 카페 콤 레이테에는 우유가 추가된다.

하지만 궁극적으로 이 정책은 커피 산업이 계속 확장되는 과정에서 문제를 더욱 악화시켰고, 다른 국가들은 브라질의 생산량 감소를 자국의 생산량을 늘릴 기회로 해석했다. 계속되는 과잉 공급은 세계 커피 위기가 닥친 대공황 때에 절정으로 치달았다. 브라질 정부는 가능하면 계속해서 농부들의 농작물을 구매했다. 1차 수출품의 가격 폭락을 막기 위해 잉여 재고는 소각하거나 바다에 버리거나 벽돌로 압축해 동력 전달 장치를 만들었다. 니테로이(Niterói)와 산토스(Santos) 마을은 가정 소비를 위한 전력을 생산하기 위해 잉여 커피를 사용하기도 했다. 타르와 저급 커피로 만든 벽돌은 당시 석탄보다 저렴했다.

전 세계의 많은 커피 생산 지역에서는 자생 작물의 대부분이 수출용이어서 현지인과 농부가 직접 소비할 수 있는 것이 거의 없었다. 브라질에서 생산량이 많다는 것은 대부분이 품질이 낮기는 하지만 내수용으로도 성장할 수 있을 만큼 충분한 커피가 있다는 것을 의미했다. 오늘날 브라질은 커피를 생산하면서 또한 높은 수준의 소비가 가능한 유일한 국가이다.

1800년대 중반에는 마늘을 넣어 커피를 만들기도 했는데, 마늘이 술을 깨게 해주고 질병을 치료한다고 믿어서다. 오늘날 가장 인기 있는 음료는 카페징요(cafezinho, 작은 커피를 뜻하는 포르투갈어)이다. 커피 농장에서는 신선한 커피를 곱게 갈고, 양조하고, 매우 강한 맛을 내기 위해 천으로 걸러냈으며, 오늘날에는 설탕을 많이 넣어서 즐긴다.

카페징요는 방문하는 곳마다 대접받을 만큼 브라질식 환대의 핵심이며 종종 레스토랑이나 주유소에서 무료로 또는 저렴하게 제공된다. 더 큰 도시에서는 사무실에서 직원들이 함께 모여 빠른 카페인 섭취를 통해 하루를 시작하기 위해 커피 쟁반이 나오기도 한다. 커피는 매우 중요해서 브라질 영화에도 자주 등장하며 브라질식 포르투갈어로 아침 식사라는 단어는 말 그대로 모닝커피를 의미하는 카페 다 만하(cafe da manhã)이다.

커피 바에선 서 있는 손님들에게 카페징요를 제공한다. 브라질 사람들은 하루 종일 많은 잔의 커피를 마시기 때문에 일반적으로 앉아서 마시지 않는다. 이 스탠드업 바는 일반적으로 브라질 사탕수수 증류주인 카샤사(cachaça)도 제공하고, 빵데께쥬(Pão de queijo, 타피오카와 치즈로 만든 미니 스낵 빵)도 종종 사이드로 제공된다.

작고 매우 진한 카페징요 외에도 카페 퓨로(café puro)라는 일반 블랙 커피도 있다. 브라질에서, 전통적인 커피는 간단하게 추출하고, 향료나 크리머를 첨가하지 않는 것을 선호한다. 아침 시간에 인기 있는 카페 콤 레이테(café ccm leite)에는 우유가 추가된다. 일반적으로 뜨거운 우유 반, 진한 커피 반이지만 우유를 조금만 넣기를 원하면 카페 핑가도(café pingado, 포르투갈어로 "방울"을 뜻하는 pingo에서 유래)를 요청할 수도 있다.

현재 브라질이 세계에서 두 번째로 큰 커피 소비국인 상황에서 음료는 일상생활에서 필수적인 역할을 한다. 이동 중에 자주 마시며 천 필터를 사용하여 만드는 것이 일반적이다(옆 페이지의 아래쪽 사진).

Cafézinho 카페징요

작은 블랙 커피

작고 강하며 단맛이 강한, 빠르게 픽업해 마실 수 있는 이 음료는 브라질 사람들의 매일을 함께하는 필수 음료다. 천 필터에 곱게 갈아낸 신선한 커피를 추출하여 입안에서 느낄 수 있는 풍부하고 꽉 찬 바디감의 풍미를 만들어 낸다.

물 180ml(6fl oz)

커피 20g(4작은테이블스푼)
분쇄도: 곱게

설탕 1티스푼

빵데께쥬, 서빙용

다음의 것도 필요:
천 필터 및 드립 스탠드
(아래 Notes 참조)

천 필터를 처음 사용하는 경우 잘 헹구어 드립 스탠드 위에 놓는다. 커피를 담을 서빙 컵을 아래에 놓는다.

물과 설탕을 작은 냄비에 넣고 끓기 직전까지 저으면서 가열한다. 불을 약하게 줄이고 분쇄 커피를 넣은 다음 15초 동안 젓는다. 불을 끈다.

커피를 필터에 붓는다. 드립 스탠드가 없는 경우 추출할 때 손잡이로 천 필터를 잡을 수 있다.

콤 레이테(우유 포함)를 선호하는 경우 뜨거운 우유를 추가하여 맛본다. 빵데께쥬(Pão de queijo, 브라질식 타피오카 치즈빵)와 함께 먹으면 최고.

Notes:
천 필터는 작은 입자를 많이 걸러내지만 일반적으로 종이 필터보다 더 많은 커피 오일을 통과시킨다. 그 결과 일반 필터 커피와는 다른 맛을 경험할 수 있다. 천 필터를 사용할 때는 사용 후 매번 물로 헹구는 것이 중요하다(비누 금지!). 자주 사용할 경우 물에 담갔다가 냉장고에 보관하거나, 물기가 남아 있을 때 냉동실에 넣어둔다.

가족 농장 핀카 그리고 멕시코의 틈새 시장

1900년대 초, 멕시코 혁명: 솔다데라스 또는 아델리타스라고 불리는 여성들은 멕시코 군대에서 다양한 활동 및 지원 역할을 맡았다. 일부는 최전선에 있는 병사들에게 연료를 공급하기 위해 캠프 주방을 운영하면서 카페 드 올라(멕시코 전통 커피) 냄비를 끓였다.

유기농 커피의 선구자인 멕시코는 세계에서 가장 큰 유기농 인증 커피 수출국 중 하나이다. 멕시코에서 재배되는 대부분의 커피는 그늘에서 자란 아라비카이며 대부분의 커피 농장은 소규모 가족 소유로 2헥타르(5에이커) 미만으로 구성되어 있다.

하지만 항상 그런 것은 아니다. 멕시코에 커피가 소개된 것은 18세기 말경이다. 상업적인 커피 생산은 처음에 남부 베라크루즈 주를 중심으로 이루어졌지만 곧 인근 치아파스, 오악사카, 푸에블라의 산으로 퍼져 토착 농부들이 생계 작물과 함께 재배했다.

1850년대부터 토지 사유화법은 부유한 멕시코인과 해외 엘리트들이 소유하지 않은 토지의 소유권을 등록할 수 있도록 허용하여 많은 생계형 농부들을 공동 소유 토지에서 몰아내고 그들이 지은 대규모 커피 농장(fincas, 핀카)에서 착취받으며 일을 하도록 강요했다. 일부 소규모 자영업자들은 생산을 계속했지만 핀카는 많은 지역을 지배했다.

멕시코 혁명(1910~1920) 이후, 이러한 핀카 중 다수는 농업 개혁을 통해 해체되었고 토지는 토착민과 소작농 공동체가 사용할 수 있도록 허가되었다. 이 토지 구획의 상당 부분에 잘 자리 잡은 커피나무가 있었기 때문에 캄페시노(소작농)는 계속해서 땅을 경작하고 커피를 수확했다.

멕시코 커피 연구소(Instituto Mexicano del Café)는 커피 경작 및 홍보를 지원하기 위해 1958년에 설립되었다. 연구소는 이러한 소작농과 대규모 재배 농민 모두에게 기술 지원, 대출, 운송 보조금, 마케팅 및 가공을 제공했다. 또한 수출 가격을 높이고 안정적으로 만드는 데 도움이 되었다. 다른 목표는 커피 재배를 위한 토지는 더 많이 확보하고 이미 커피 재배에 사용되는 토지의 생산은 강화하는 것이었다. 그 결과 커피 생산량이 증가했다.

1982년 멕시코 부채 위기로 소작농에 대한 지원이 점차 줄어들었다. 몇 년 후, 멕시코 커피 연구소는 포식자 커피중개인에 의해 빠르게 채워질 엄청난 격차를 남기고 문을 닫았다. 운송 수단이 없는 고립된 농부들은 커피를 스스로 시장에 내놓을 수 없었기 때문에 커피 중개자가 지불하는대로 가져가는 것 외에는 선택의 여지가 없었다. 또한 멕시코 커피 생산자의 대다수는 토착 공동체 출신으로 스페인어를 할 줄 모르기 때문에 그들 스스로 국제 커피 무역에 참여하는 것이 사실상 불가능했다. 커피 중개인은 커피에 대해 적절한 임금을 제공하지 않고 음식을 대신 제공하는 것과 같은 부당한 관행에 관여하는 것으로 알려져 있다.

점차적으로 커피 연구소가 남긴 공백을 채우기 위해 노동조합, 협동조합 및 수출 조직을 포함한 다른 중개자가 출범했다. 생산자가 직접 만든 중개 조직도 있었다. 멕시코 커피 소작농들은 세계적으로 낮은 가격과 무역 부문의 기타 어려움으로 인해 계속 괴로워하고 있다. 이러한 문제 중 일부를 해결하기 위한 방법으로 많은 멕시코 커피 농부들은 더 나은 가격을 얻기 위해 유기농 및 공정 무역과 같은 수출 커피에 대한 틈새 커피 시장으로 눈을 돌렸다.

카페 데 올라는 질그릇에 필론시요와
함께 끓인 전통적인 카카오와 유사한
방식으로 양조된다. 카페 드 올라의 민
속 전설에 따르면 최전선에 있는 군인
들을 위해 양조되었으며 멕시코 혁명
의 원동력이었다.

농부들은 또한 기후 변화와 스페인어로 la roya라고 하
는 곰팡이 헤밀레이아 베스테트릭스(Hemileia vastatrix)에
의해 발생하는 커피 녹병으로 고생하고 있다. 많은 멕시코 농
부들이 유기농 아라비카를 생산하고 있는데, 아라비카는 커
피나무, 때로는 전체 농장을 잃을 수 있는 커피 녹병에 매우
취약하다. 커피나무는 열매를 맺는 데 수년이 걸리므로 소작
농은 좀처럼 황폐화된 나무를 다시 심는 선택을 하지 않지만,
가능하면 멕시코 농부들은 녹병에 강한 품종으로 다시 심으
려고 노력하고 있다.

멕시코에서 커피는 전통적으로 다른 라틴 아메리카 국
가와 유사한 방식으로 브루잉한 다음 콜라도르 데 텔라(co-
lador de tela)라고 하는 천 양말로 여과한다. 멕시코에서도
에스프레소를 마시지만 이 필터 커피는 메르카도스(mer-
cados, 야외 시장)나 파나데리아스(panaderías, 베이커리)
에서 일반적으로 마실 수 있는 것으로, 블랙 또는 뜨거운 우
유와 함께 판 둘세(pan dulce, 달콤한 빵)를 곁들여 제공된
다. 스페인의 토레팩토 로스트(torrefacto roast, 123페이
지 참조)나 싱가포르(210페이지 참조)와 말레이시아의 코피
로스트와 유사하게 멕시코와 라틴 아메리카의 다른 지역에
서는 커피 원두를 설탕으로 로스팅하기도 한다. 베라크루즈
(Veracruz)에서 전통적인 카페 레체로(café lechero, 밀크
커피)는 뜨거운 우유를 채운 금속 주전자를 높이 들고, 소량
의 커피가 담긴 유리잔에 우유를 느리고 꾸준한 흐름으로 부
어서 만든다. 높은 곳에서 부어지는 우유가 커피에 공기를 공
급하여 거품을 만든다.

카카오는 고대 메소아메리카에서 수천 년 동안 음료로
소비되었다. 계피는 멕시코가 원산지가 아니어서인지 훨씬
후에 소개되었지만 이제는 커피를 포함한 많은 전통 조리법
에 자주 추가된다. 카페 데 올라(Café de ola, 포트 커피)는
질그릇에 필론시요(piloncillo, 정제되지 않은 설탕)와 함께
끓인 전통적인 카카오와 유사한 방식으로 브루잉된다. 카페
데 올라의 민속 전설에 따르면 최전선에 있는 군인들을 위해
양조되었으며 멕시코 혁명의 원동력이었다.

많은 멕시코 농부들이 유기농 아라비
카를 생산하고 있는데, 아라비카는 커
피나무, 때로는 전체 농장을 잃을 수
있는 커피 녹병에 매우 취약하다.

많은 스페인어권 국가에서 흔히 볼 수 있는 도수 있는
카라히요(carajillo)는 멕시코에서도 매우 인기가 있다. 전통
적으로 커피와 브랜디로 만들었지만 멕시코에서는 감귤류,
바닐라, 다양한 비밀 허브와 향신료로 맛을 낸 스페인 리큐
어인 Licor 43으로 만드는 경우가 많다.

*최근 몇 년 동안 멕시코 시티 카페에서 아메리카노, 에스프레소
및 카푸치노를 제공하기 시작했지만 여전히 베라크루즈
(Veracruz)의 그랑 카페 드 라 파로키아(Gran Café de la
Parroquia)에서 금속 주전자에서 카페 레체로를 분배하는 웨
이터를 찾을 수 있다(163페이지).*

DONAS
galletas
strudel
CAFÉ
COFFEE
espresso
cappuccino
Frappuccino
LA VENTANA
expendio de café
Café Orgánico
de Chiapas

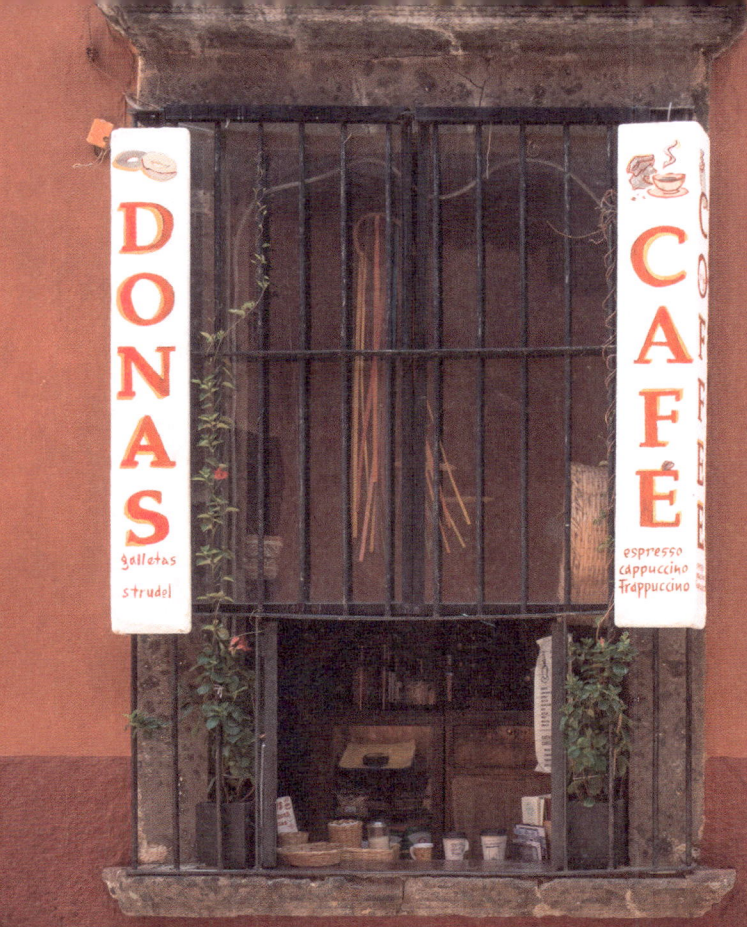

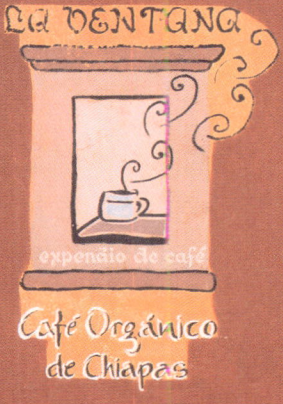

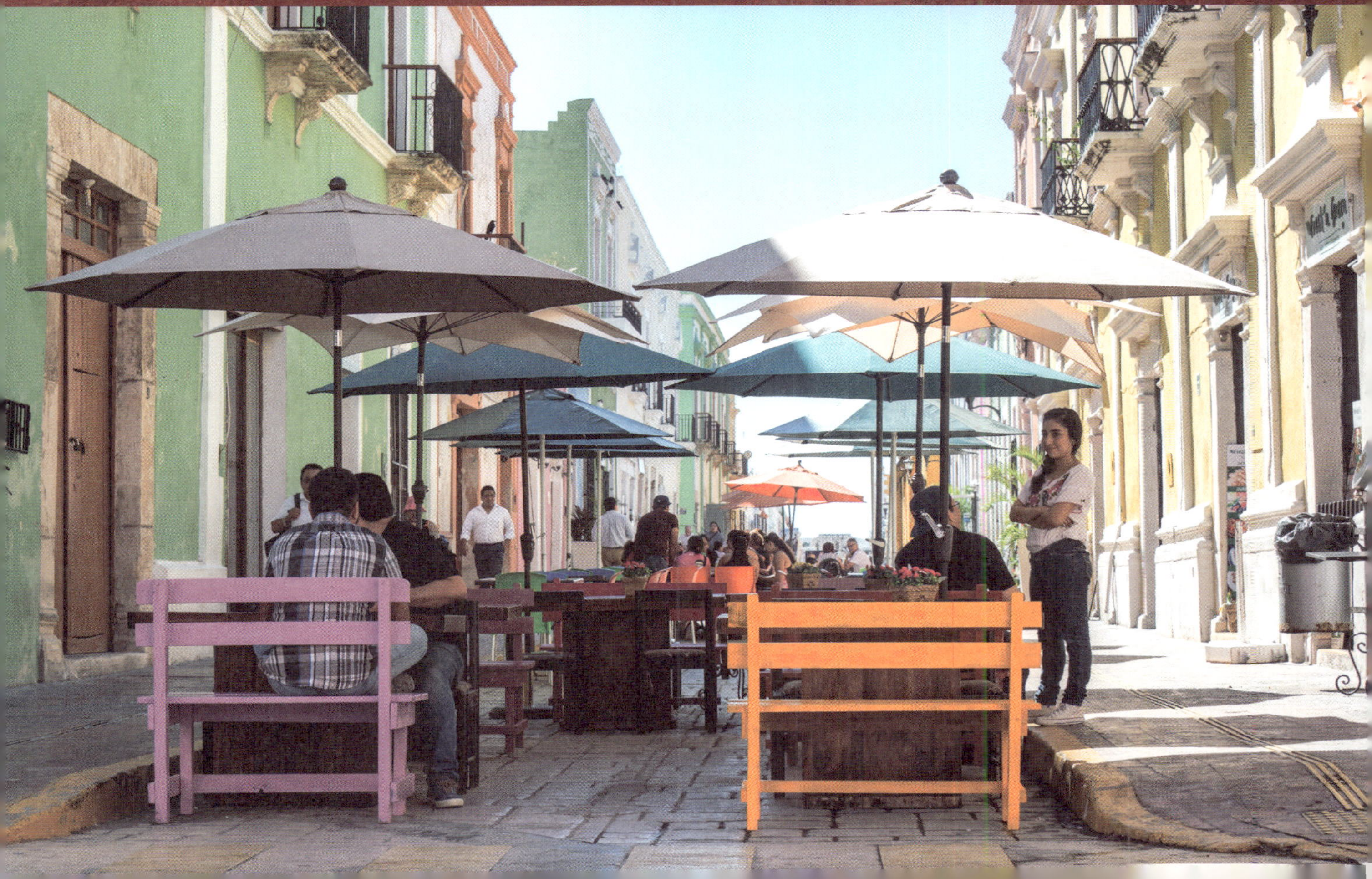

Coffee Liqueur 커피 리큐어

커피 칵테일

이 레시피는 사탕수수 술인 럼을 진한 커피, 바닐라와 블렌딩해도 좋고, 단독으로 마셔도 맛있다. 멕시코 베라크루스에서는 럼과 블렌딩한 커피 레시피가 유명한데, 바로 한국에서도 잘 알려진 판매용 리큐어인 깔루아이다.

설탕 1컵

진하고 뜨거운 커피 1 컵

바닐라 빈 1개

사탕수수 럼 2컵(아래 Notes 참조)

다음의 것도 필요:
깨끗한 750ml(25fl oz) 유리병 1개
리큐어 병과 같은 재밀봉 가능한 캡

큰 피처에 설탕을 넣고 뜨거운 커피를 부어준다. 완전히 녹을 때까지 젓는다. 바닐라 빈의 씨를 긁어 커피에 넣고 섞은 다음 식힌다.

병 윗부분에 깔때기를 놓고 그 안에 럼을 붓는다. 긁어낸 바닐라빈도 병에 넣는다.

커피와 설탕 혼합물이 식으면 병에 붓고 밀봉한 다음 서늘하고 어두운 곳에 3~4주 동안 그대로 둔다.

Notes:
기호에 따라 라이트, 다크 또는 스파이스 럼을 사용할 수 있다. 다크 럼은 당밀 풍미를 더한다. 캐러멜의 풍미를 더하고 싶다면 일반 설탕 대신 흑설탕을 사용해도 된다.

Café de Olla 카페 데 올라

시나몬 커피

멕시코 혁명으로 거슬러 올라가는 이 오래된 커피는 최전선에 있는 군인들을 위해 준비되던 음료다. 이 음료는 카페 데 올라 (café de olla, 이 음료의 이름을 따 옴)라고 불리는 토기 냄비에서 제조한 다음, 계피를 넣고 정제되지 않은 사탕수수 설탕인 필론실로로 커피 원두를 끓일 때 생기는 쓴맛을 중화한다.

물 3컵

멕시칸 시나몬 스틱 1개

필론시요 60~100g(2~3 ½oz)
(아래 Notes 참조)

다크 로스트 커피 6작은테이블스푼
분쇄도: 중간, 거칠게

판 둘세(Pan dulce, 달콤한 빵), 서빙용

다음의 것도 필요:
내열 처리된 무연 질그릇
(아래 Notes 참조), 필터 또는 스트레이너

물, 계피 스틱, 필론시요 60g(콘의 약 ¼)을 냄비에 넣고 센불에 올린다. 끓이면서 필론시요를 물에 녹인다. 제조 중인 음료를 조심스럽게 맛보고 더 진한 단맛을 원하면 여분의 필론시요를 추가한다.

불을 줄이고 10분간 끓인 후 불을 완전히 끄고 2분간 식힌다. 분쇄 커피를 넣고 젓는다. 5분 동안 담가 둔다.

필터, 고운 망사, 체 또는 거즈 안감이 있는 일반 체를 사용하여 커피를 미리 데워진 서빙 피쳐에 넣거나 컵에 직접 넣는다.

갓 구운 판 둘세(달콤한 빵)와 함께 제공한다.

Notes:
멕시코에서는 로스팅 과정에서 커피에 설탕을 입히기도 한다. 이렇게 하면 커피에 쓴맛과 강렬함이 더해지므로 내추럴 로스팅을 사용하는 경우 이 풍미를 흉내 내기 위해 다크 로스팅을 시도한다. 질그릇이 풍미를 더해주지만, 질그릇이 없다면 일반 냄비나 소스팬을 사용해도 된다. 필론시요는 당밀 맛을 내는 데 매우 중요하지만 찾을 수 없다면 흑설탕으로 대체할 수 있다. 대신 양을 조금 줄이기.

폴리네시아의
화산에서
바닐라 농장까지

1825년, 하와이 마노아 밸리:
오아후 섬의 보키 지사는 하와이 최초의
커피 농장을 시작하기 위해 브라질에서
커피 묘목을 모으고, 런던을 경유하는
국빈 여행을 마치고 돌아왔다.

태평양 전역에는 유인도가 수천 개 흩어져 있다. 많은 국가가 독립 국가이지만 인접성 및/또는 문화에 따라 미크로네시아, 멜라네시아 및 폴리네시아로 분류된다. 폴리네시안 트라이앵글에는 1,000개 이상의 섬이 있으며 이곳 사람들은 언어, 문화 및 전통에서 어느 정도 공통점을 공유하고, 폴리네시아인으로 총칭한다. 일반적으로 하와이, 뉴질랜드, 사모아, 통가, 타히티 및 기타 섬들을 포함하며, 많은 섬들이 커피 재배에 이상적인 기후를 가진 적도에서 북쪽으로 25도, 남쪽으로 30도인 커피 벨트로 알려진 지역에 속한다.

폴리네시아의 많은 섬에서 커피를 재배하지만 특히 주목할 만한 곳은 하와이이다. 최초의 커피는 1800년대 초에 섬에 심어져 현재 세계적으로 유명한 커피 재배지로 발전했다. 1840년대까지 정부는 커피에 토지세를 납부하는 것을 수락했다. 코페(커피)는 이제 하와이의 모든 주요 섬에서 재배되지만 하와이 빅 아일랜드에 있는 지역인 코나라는 이름은 전 세계적으로 고품질 커피의 대명사가 되었다. 화산 경사면에서 재배되는 코나 커피는 가장 높은 가격으로 팔리는 경우가 많다.

코나 커피는 일반적으로 손으로 따는 커피이다. 즉, 예를 들어 브라질에 비해 코나 커피 경작지가 적다는 것은 생산량이 적다는 것을 의미한다. 코나 혹은 다른 하와이산 커피가 하와이 밖에서 판매되는 일은 없다. 또 다른 이유로 하와이가 미국의 주이기 때문에 커피 농장 노동자들은 미국 최저 임금을 받는다. 더 높은 임금과 비용으로 인해 다른 곳에서 재배된 커피보다 더 비싼 커피가 탄생했다. 2020년에 하와이산 생두 가격은 파운드당 평균 약 $20인 반면 스페셜티 생두는 $1.90~$3.50였다. 이러한 비교는 커피 농장 노동의 실제 비용을 보여주고 다른 커피 생산 국가에서 근로자에게 지급될 수 있는 임금의 잠재적 불평등을 강조하는 데 도움이 된다.

코나 커피 수확은 보통 11월경에 시작되며, 1970년부터 매년 코나 커피 문화 축제로 기념하고 있다. 미스 코나 커피를 선발하기도 하며, 이 기간 동안 전문 심사위원은 블라인드 테이스팅을 하고 여러 현지 생산자의 코나 커피를 블라인드 테이스팅하고 점수를 매긴다(커핑이라고 부르는 과정, 254페이지 참조).

호주가 원산지인 마카다미아 너트는 1800년대에 하와이에 소개되어 하와이 요리에 빠르게 스며들었다. 커피와 비슷한 재배 조건이 필요한 이 두 작물은 종종 같은 농장과 지역에서 재배되었다. 이제 섬 곳곳에서 마카다미아 향 커피를 쉽게 찾아볼 수 있다. 커피는 종종 요리와 베이킹에도 사용된다. 달콤하고 풍미 있는 요리라면 현지에서 재배한 커피가 빠지지 않는다.

폴리네시아의 다른 섬보다 훨씬 더 남쪽에 위치한 뉴질랜드는 선선한 기후 때문에 커피 재배의 핵심 지역이 된 적이 없다. 그러나 뉴질랜드 및 기타 태평양 제도에 서식하는 코프로스마(Coprosma)속 꽃식물은 코페아 꼭두서니과(Coffea rubiaceae)와 동일한 분류군에 속한다. 이것이 그 자체로 둘의 친밀한 관계를 증명하는 것은 아니지만(꼭두서니과에는 6,500종이 넘는 종이 있다), 뉴질랜드의 초기 유럽 정착민들은 코프로스마(Coprosma)에서 생산된 체리와 코페아(Cof-

fea)에서 생산된 체리 사이의 유사성을 재빨리 알아차렸다.

하와이의 마카다미아처럼 바닐라도 커피와 비슷한 환경 조건에서 잘 자라서 두 작물은 같은 곳에서 자라게 되었다. 타히티 사람들이 커피포트에 바닐라 꼬투리를 추가하기 시작한 것은 시간 문제였다.

예리한 아마추어 지질학자이자 농업학자인 J.C. 크로포드(J.C. Crawford)는 1830년대 후반에 영국에서 호주와 뉴질랜드로 이주했다. 그는 1877년에 웰링턴 철학 협회와 논문을 공유했으며 마오리어로 카라무(karamū)로 알려진 코프로스마(Coprosma) 종을 언급했다. 그의 논문은 훌륭한 향미의 커피가 카라무(karamū) 원두에서 생산된다는 진술로 이어지고, 마오리어로 타우파타(taupata)라고 불리는 코프로스마(Coprosma)의 또 다른 종에 대한 그의 실험에 대해 자세히 설명한다. 원두를 수확해 과육을 제거한 뒤 로스팅한 그는 "볶고 갈았을 때 커피 향이 은은하게 나고, 커피로 만들었을 때 그 결과가 아주 만족스러운 것 같다"고 말했다. 마오리족도 이 토종 식물을 섭취했지만 같은 방식은 아니었다. 열매를 먹거나 마오리 전통 의학인 론고아(rongoā)에 사용했다.

프랑스령 폴리네시아에서도 커피를 재배한다. 다섯 그룹의 섬은 1800년대에 프랑스 보호령이 된 프랑스 해외 집합체의 일부다. 거의 같은 시기에 프랑스인들은 타히티의 주요 수출 작물이 될 바닐라를 섬에 도입했다.

폴리네시아의 많은 섬에서 커피가 재배되지만 특히 주목할 만한 곳은 하와이다. 최초의 커피는 1800년대 초에 섬에 심어져 현재 세계적으로 유명한 커피 재배지로 발전했다.

하와이의 마카다미아처럼 바닐라도 커피와 비슷한 환경 조건에서 잘 자라기 때문에 두 작물은 같은 곳에서 자라게 되었다. 타히티 사람들이 커피포트에 바닐라 꼬투리를 추가하기 시작한 것은 시간 문제였다. 오늘날에는 프랑스령 폴리네시아 전역에서 바닐라로 향을 내고 신선한 코코넛 크림(때로는 약간의 타히티산 현지 꿀)을 토핑하기도 한다.

Coconut Vanilla Coffee

코코넛 바닐라 커피

바닐라와 커피는 19세기에 프렌치 폴리네시아에 소개되었다. 그 이후로 두 가지 모두 다양한 수준의 수출용으로 재배되었으며, 이 태평양 제도에서 커피, 바닐라, 코코넛이 퍼진 것은 현지 요리에 큰 영향을 미쳤다.

바닐라 빈 1개

무가당 코코넛 우유 400ml(13.5fl oz) 1캔

꿀 3테이블스푼

1회 제공량당 블랙 커피 1컵

바닐라 빈을 자르고 작은 냄비에 씨를 긁어낸다. 긁어낸 바닐라 빈도 팬에 넣는다. 코코넛 밀크를 붓고 약한 불에서 살짝 끓인다.

거품기를 사용하여 바닐라씨를 우유 전체에 고르게 퍼트리고 2~3분 후 불을 끄고 꿀을 넣고 저은 다음 식힌다.

블랙 커피 한 잔을 내린 다음 바닐라 코코넛 밀크를 약간 넣어 맛을 낸다. 코코넛 밀크 브랜드에 따라 지방이 분리되기도 하는데, 이를 방지하기 위해서는 블렌더에서 혼합물을 몇 분 동안 섞어 음료를 유화시키고 거품을 낼 수 있다.

남은 바닐라 코코넛 밀크는 깨끗하게 밀봉된 병(바닐라 빈이 들어 있는 상태)에 며칠 동안 냉장고에 보관할 수 있다.

Notes:

이 레시피는 모든 커피에 첨가할 수 있는 사용하기 쉬운 바닐라 코코넛 밀크를 만들지만, 바닐라 빈을 쪼개서 커피와 함께 프렌치 프레스에 내릴 수도 있다. 그런 다음 평소대로 끓인 후, 제공할 때 약간의 코코넛 밀크나 크림을 부어 맛을 본다. 이 커피에는 설탕이 필요하지 않지만 단 것을 좋아한다면 타히티 사람들처럼 꿀을 추가한다.

코다와리(拘り), 킷사텐(喫茶店), 그리고 일본의 커피 문화

1888년, 도쿄: 일본 최초의 킷사텐이 문을 열었다. 다음 세기를 위해, 전문 브루잉에 전념하는 킷사텐은 일본에서 고품질 커피로 국제적인 명성을 얻었다.

1700년경, 커피가 일본에 처음 도착했을 때는 바로 현지 입맛을 사로잡지 못했다. 주로 나가사키에 본부를 둔 네덜란드 상인과 무역상인들이 선호했으며 약용 또는 외국에 대한 호기심으로 시작해 일본 사회에서 점차적으로 자리를 잡았다. 오타 난포(大田 南畝)는 1749년에 태어난 존경받는 시인으로, "빨간 머리(네덜란드) 배에서 카우히(Kauhii, 커피)를 추천받았다. 콩을 검게 볶은 후 가루로 만들고 백설탕을 넣는다. 타는 냄새가 나고 그 맛은 참을 수 없다."라고 강조했다.

미국 보스턴 대학의 인류학 교수인 메리 화이트(Merry White)는 《일본의 커피 생활(Coffee Life in Japan)》에서 1860년대 이후 메이지 시대(1868-1912)에 커피를 마시는 것이 시골까지 전파되었다고 자세히 설명한다. 거기에서 분쇄 커피와 설탕 공(아이들에게 간식으로 종종 제공됨)인 코히토(koohiito)는 뜨거운 물에 떨어뜨려 쉽게 마실 수 있는 투박한 유형의 인스턴트 커피였다.

커피 소비는 1900년대 초반에 본격적으로 자리를 잡았다. 다이쇼 시대(1912-1926)는 일본의 재즈 시대로 간주된다. 이전 메이지 시대에는 서양 문화의 요소가 일본에서 그대로 유행했지만 다이쇼 민주주의로 알려진 자유주의 운동은 서양 문화를 새로운 일본식 현대 미학에 더욱 접목시켰다. 이 기간 동안 킷사텐(喫茶店, 커피숍)이 확산되기 시작하여 차 또는 커피로 구성된 가벼운 서양식 아침 식사, 두껍게 썬 토스트, 때로는 팥으로 만든 잼(특히 나고야), 달걀, 그리고 가끔은 과일, 샐러드, 생선과 함께 제공되는 모닝세트가 대중화되었다.

다양한 스타일의 킷사텐이 나타났다. 일부는 엔터테인먼트와 음악, 술을 제공하고 심지어 에로틱한 장소로도 운영되는 반면, 일부는 완전히 커피 제조 기술에만 집중했다. 커피를 추출하는 다양한 방법에 매료되어 특정 추출 방법, 독특한 하우스 블렌드 또는 다른 테마를 전문으로 하는 다양한 킷사텐이 생겨났다.

화이트 교수를 비롯한 여러 전문가는 코다와리(拘り)라는 일본 철학이 킷사텐 문화의 핵심 부분이라고 말한다. 코다와리는 완벽함, 디테일에 대한 관심, 정밀도 및 품질에 대한 노력으로 널리 알려진 일본인의 특성이기도 하다. 커피에서 이러한 접근 방식은 커피 장비 제조와 같은 혁신에서부터 커피 원두의 선택 및 추출 방법에 이르기까지 모든 것에 적용된다. 품질에 초점을 맞춘 스페셜티 커피 운동이 구체화되기 시작했고, 일본의 커피는 이제 세계적으로 인정받고 있다.

오늘날 푸어오버(pour-over), 사이펀(siphon), 슬로우 드립 콜드브루(slow-drip cold-brew) 방식을 포함한 일본 브루잉 트렌드는 일본 이외 국가의 전문 카페에서도 인기가 있다. 화이트 교수에 따르면 일본인은 원래 에스프레소가 너무 기계적이고 수작업이 아니라고 생각했었지만 이제 에스프레소 브루잉에도 자체 코다와리가 있다고 여긴다.

일본과 브라질의 초기 제휴는 두 나라의 커피 산업 발전의 핵심이었다. 20세기 초 일본에서는 인구 과잉이 심했고, 특히 농촌 농업 노동자들 사이에서 일자리 부족과 빈곤이 심각했다. 일본은 인구 문제를 해결하는 데 적극적이었다. 브라질의 커피 농장은 1888년 노예 제도가 폐지된 후(146페

이지 참조) 노동자가 필요했기 때문에 두 정부는 협약을 맺었다. 수십 년 동안 24만여 명의 일본인이 브라질로 이주했으며, 많은 사람들이 커피 농장에서 일했다.

> 일본은 커피 브루잉 장비의 품질과 혁
> 신을 선도하고 있다. 하리오와 칼리타
> 는 국제적으로 바리스타들에게 유명한
> 일본 제조사다.

브라질의 상황은 가혹했고 이민자들은 아프리카에서 온 노예 노동자들과 별 다를 바 없는 대우를 받았다. 그러나 많은 일본인들은 계약을 체결하고 결국 정착하여 커피 농사를 짓기 위한 자신의 땅을 구입했다. 1932년까지 브라질로 이주한 일본인은 소유한 농장에서만 커피나무를 6천만 그루가량 길렀다. 브라질은 일본을 수출 시장으로 육성했고, 다양한 협정을 통해 일본에 풍부한 양의 커피를 무료로 제공했다. 이것은 커피가 일본 전역에 확산되는 것과 카페가 빠르게 증가하는 데 도움이 되었다. 이 계획은 분명히 효과가 있었다. 오늘날 일본은 세계에서 가장 큰 커피 시장 중 하나이며 브라질 커피를 여전히 최대 규모로 수입한다.

일본에서의 커피 수입과 소비는 1940년대와 1950년대에 2차 세계 대전으로 인한 혼란으로 크게 감소했다. 커피가 부족했을 때 볶은 콩 커피인 다이즈 코히(大豆珈琲)는 좋은 대체재였으며, 적어도 1920년대부터 소비되었다. 당시 다이즈 코히의 품질은 그리 좋지는 못했지만, 이제 일본의 커피 장인들은 새로운 유행의 일환으로 고품질의 볶은 콩을 생산하여 한때 인기 있었던 이 음료의 부활을 모색하고 있다.

1960년대 이후 커피 수입이 재개되면서 일본의 커피 문화는 기하급수적으로 발전하기 시작했다. 1969년 한 일본 회사는 칸코히(缶コーヒー, 캔 커피)를 개발하여 언제 어디서나 마실 수 있는 음료를 대중화하는 데 일조했다. 우유와 설탕이 미리 혼합된 즉석 음료인 캔 커피는 오늘날에도 인기 있는 상품이다.

스미야키코히(炭焼きコーヒー, 숯불로 구운 커피)는 1900년대 초부터 이어져 온 전통적인 로스팅 방법이다. 생두를 숯불에 구워 스미야키코히 특유의 풍미를 더한다.

일본은 콜드브루 커피, 특히 해외에서 판매되는 교토식 커피로 국제적인 명성을 얻었다. 커피 가루를 찬물에 여러 시간 담가 두는 일반적인 콜드브루 침지 방식과 달리 커피 위에 한 방울씩 물을 떨어뜨리는 교토식 콜드브루 타워 방식은 매우 느리게 추출된다.

이 교토식 브루어는 일본에서는 닷치코히(ダッチ コーヒー, 더치 커피)라고 한다. 많은 사람들은 네덜란드인들이 1600년대에 긴 바다 항해를 위해 상온에서 보관할 수 있게끔 콜드브루를 처음으로 발명했다고 주장하지만, 오늘날 볼 수 있는 멋진 유리 브루잉 타워는 일본식 디자인이다. 이 글래스 타워는 일본 전역과 전 세계의 전문 카페에서 사용된다.

네루 도리푸(ネルドリップ, 넬 드립)는 또 다른 일본식 드립 필터로 이 방법은 뜨거운 물과 플란넬 천 필터(또는 넬 필터)를 사용한다. 그 기원은 불분명하지만 브라질의 전통적인 커피 음료인 카페징요도 비슷한 천 필터를 사용한다. 수제 커피는 일본에서 여전히 인기가 있지만 1960년대부터는 천 필터보다 종이 필터가 더 일반적이다. 푸어오버(pour-over) 추출 방식은 시간이 오래 걸리지만 그 광경과 퍼포먼스는 일본 커피를 경험하기 위한 필수 코스다.

일본

일본은 커피 브루잉 장비의 품질과 혁신을 선도하고 있다. 하리오와 카리타는 국제적으로 바리스타들에게 유명한 일본 제조사다. 하리오는 1921년 도쿄에서 내열 유리 제조업체로 시작했으며, 커피 사이폰(원래 독일에서 발명된 방법)으로 1948년 커피 사업에 처음 진출했다. 이후 1930년대에 독일에 기반을 둔 메리타(Melitta)가 발명한 원뿔 모양의 드립퍼를 채택하여 현재 어디에서나 찾아볼 수 있는 V60 코니컬 드립 브루어를 출시했다. 완벽한 60° 각도의 원뿔형으로 물의 흐름을 조절해 커피와의 접촉 시간을 연장한다. 오늘날

V60이라는 이름은 전 세계의 많은 커피 감정가들에게 푸어 오버 커피의 대명사다.

디자인에 있어 일본의 미학을 대표하는 많은 일본 카페와 키오스크는 커피 용품만큼이나 스타일리시하다. 간결한 인테리어는 뚜렷한 기하학과 단색 마감을 자랑한다.

ネルドリップ

넬 드립

플란넬 천 필터(또는 넬 필터)는 침전물을 걸러내지만 종이 필터보다 더 많은 커피 오일을 통과시킨다. 추출수의 온도가 낮기 때문에 쓴맛에 기여하는 용해성 물질이 적게 추출된다. 또한 추출 수율이 높기 때문에 오래된 커피 원두에서도 시럽, 와인 같은 풍부한 풍미를 이끌어 낼 수 있다.

커피 18~20g(4작은 테이블스푼)
분쇄도: 중간, 거칠게

물 100g(3 ½온스)

다음의 것도 필요:
넬 드립 천 필터 및 손잡이(다음 페이지의 Notes 참조), 푸어오버 드립 포트(또는 측면을 만지지 않고 필터백을 쉽게 내부에 걸 수 있는 필터를 놓을 수 있는 물병), 구즈넥 주전자(또는 가늘고 안정적으로 물을 부을 수 있는 도구), 온도계, 저울

넬 필터를 처음 사용하는 경우 몇 분 동안 뜨거운 물에 담근 다음, 필터 백의 하단 끝을 부드럽게 잡고 비틀어서 짜낸다.

필터를 물받이 또는 유리병 바로 위에 놓고(아직 미리 적시지 않은 경우) 필터를 통해 뜨거운 물을 부어 필터를 적시고 서버를 일부분 채워 따뜻하게 유지한다. 서빙 컵에 뜨거운 물을 붓는다. 이 방식은 저온 추출이므로 용기를 따뜻하게 해서 시작하는 것이 좋다.

적합한 유리병이 없는 경우 미리 데워진 서빙 컵 위에 올리고 손잡이에 필터를 걸어서 사용한다.

약간의 물을 끓인 다음(이상적으로는 구즈넥 주전자에) 몇 분 정도 기다리면서 물의 온도가 약 79℃(175℉)로 떨어질 때까지 온도계로 체크한다. 구즈넥 주전자에 직접 물을 끓이지 않았다면 바로 추출에 사용할 주전자나 용기에 붓는다.

서버의 물을 비우고 필터를 교체한 다음 필터에 분쇄 커피를 추가한다. 분말을 누르지 않는다. 브루어를 저울 위에 놓고 용기를 눌러 저울을 0으로 설정한다.

분쇄 커피의 중간에서 물을 한 방울씩 천천히 떨어뜨린다. 전체 분말에 완전히 스며들 때까지 계속한다. 유리 서버에 드립 몇 방울이 떨어지면 잠시 멈춘다. 커피가 부풀어 오르면서 작은 거품이 생긴다. 작은 구멍(크랙)이 생길 때까지 기다린다. 약 45~60초 소요.

커피 가루가 다시 거품을 내기 시작할 때까지 커피 중앙에서 매우 천천히, 그리고 꾸준히 위아래로 물을 붓는다. 거품이 나면 원을 그리며 붓는다.

넬 드립

물줄기가 필터에 직접 닿지 않고 항상 커피에 부을 수 있도록 주의한다.

커피 가루가 부풀어 오르기 시작하면 멈추고 조금 가라앉을 때까지 기다렸다가 거품이 완전히 가라앉기 전에 다시 물을 부어준다. 저울이 100g(3½oz)을 표시할 때까지 이 과정을 반복한다. 커피 추출이 완료되면 서빙 컵에 따라 둔 뜨거운 물을 비우고 추출한 커피를 따라 서빙한다.

물을 끓인 후 뜨거운 물로 필터를 잘 헹군다. 담수에 담가 냉장고에 보관하거나, 자주 사용하지 않는다면 다시 밀봉할 수 있는 비닐 봉지에 (아직 젖어 있는 상태로) 넣고 얼린다. 다음에 사용할 때는 헹궈서 이용한다.

Notes:
많은 킷사텐(喫茶店, 일본식 커피숍)은 다양한 종류의 원두와 로스트에 맞춘 고유한 추출 비율을 가지고 있다. 위의 레시피로 시작하여 실험해 보라. 여러 킷사텐에서 유행하는 것처럼 아주 적은 양의 커피가 만들어진다. 플란넬 천은 부드러운 면과 약간 푹신한 면이 있다. 푹신한 면을 안쪽으로 하여 추출하면 커피 오일이 더 적게 추출된다. 어느 쪽도 틀린 것은 아니다. 당신의 선호도에 달려 있을 뿐이다. 푹신푹신한 면을 바깥쪽으로 하여 깊고 풍부한 넬 드립을 즐겨보자.

コーヒーサイフォン 코히 사이폰

사이폰 커피

사이폰 커피 브루어는 일본에서 발명되지 않았지만 일본, 특히 스페셜티 커피숍에서 매우 인기를 끌었다. 1900년대 사이폰 브루어는 일본 외 국가에서는 선호도가 낮았지만, 일본 장비 제조업체에 의해 고품질화 되면서 부활에 성공했다.

커피 25g(5작은테이블스푼)
분쇄도: 중간, 굵게

물 300g(1 ¼컵)

다음의 것도 필요:
사이폰 브루어, 온도계,
나무 교반기

제조업체의 지침에 따라 기계를 설치한다. 따뜻한 물에 담가 둔 필터를 상단 용기에 넣은 다음 체인을 당겨 깔때기 하단에 클립으로 끼운다.

용기에 물을 넣고 추출기 외부의 물방울을 닦아낸다. 상단 용기를 제자리에 부드럽게 밀어 넣고 브루어를 적절한 열원 위에 놓는다. 온도는 제조업체의 지침을 참조.

가열되면 수증기가 팽창하여 상단 용기로 이동한다. 물이 상단 챔버로 완전히 옮겨 가면(온도계로 측정했을 때 약 95℃(203°F)여야 함) 분쇄된 커피를 넣고 젓는다.

불을 약간 낮춘다. 이상적으로는 온도가 90℃(194°F) 이상으로 떨어져야 한다. 그렇지 않으면 커피가 너무 빨리 떨어질 수 있기 때문. 1분 15초 동안 그대로 두었다가 불을 끈다. 나무 교반기를 사용하여 부드럽게 젓는다.

아래쪽 용기의 진공 압력이 역전되어 냉각된 물이 수축한다. 부압의 부분 진공이 생성되어 여과하는 동안 액체를 다시 아래로 빨아들이고 아래쪽 용기를 추출된 커피로 채운다.

상단 용기를 조심스럽게 움직여 서빙할 잔에 붓는다.

Notes:
사이폰 브루어는 다양하므로 브루어에 맞게 이 레시피를 조절해 사용한다. 브루어는 다양한 크기로 제공되므로 물 측정을 위 또는 아래로 확장해야 할 수 있지만 고정하기에 좋은 비율은 커피 대 물의 비율이 1:12~1:15(커피를 얼마나 진하게 하느냐에 따라)다.

コーヒーゼリー

코히제리

커피 젤리

달콤한 커피 젤리는 서양 음식과 문화가 유행하던 다이쇼 시대부터 일본에서 인기 있는 다방 음식이었다. 유럽의 세트젤리를 모방한 일본의 커피 젤리의 인기는 지금까지도 이어지고 있다. 깍둑썰기 하여 아이스 커피에 넣거나 휘핑크림과 팥소를 곁들인 파르페로 먹어도 좋다.

한천(해조류로 만든 젤라틴) 또는 우무 가루 1 티스푼
(아래 Notes 참조)

과립 설탕 3테이블스푼

물 175ml(¾컵)

2배 진하게 내린 원두 커피 295ml(1 ¼컵)
(아래 Notes 참조)

다음의 것도 필요:
작고 얇은 유리 접시 또는 젤리 몰드

작은 냄비에 우무 가루와 물 ¾컵을 섞고 센 불에 올려 놓는다. 끓으면 바로 약불로 줄여 5분간 저으면서 끓인다.

설탕을 넣고 녹을 때까지 저은 후 불을 끈다. 추출한 커피를 붓는다.

액체를 접시나 틀에 붓고 식힌다. 식힌 후 굳을 때까지 냉장고에 넣는다.

Notes:
한천과 우무는 모두 해조류로 만든 경화제이지만 서로 다른 조류로 만들어지며 약간 다른 결과가 나온다. 일반 젤라틴을 대신 사용해도 된다. 우무의 경화도는 브랜드마다 다를 수 있다. 이 젤리를 만들기 전에 테스트해보고 싶다면 우무 ¼티스푼을 물 ⅓컵에 5분 동안 끓인 다음 식혀서 굳힌다. 큐브 모양으로 슬라이스 할 수 있을 정도가 보편적이다. 너무 부드럽거나 굳지 않으면 레시피에서 우무를 두 배로 늘린다. 우뭇물로 커피를 희석할 때는 두 배의 농도로 만들어야 한다. 원한다면 인스턴트 커피로도 만들 수 있다. 설탕을 넣으려면 추출된 커피 양만큼의 물을 넣고 인스턴트 커피 2~3테이블스푼을 추가한다.

アイスコーヒー 아이스 코히

아이스 커피

뜨거운 물로 커피를 추출하면 다양한 화합물이 다른 온도에서 용해되기 때문에 다양한 풍미가 나온다. 뜨거운 커피를 순식간에 식히는 커피는 일본의 전문 커피숍의 인기 메뉴이다. 뜨거운 추출 커피를 즉시 식히면 긴 시간 냉각할 때와 달리 산화가 일어나지 않아 커피의 풍미를 보존할 수 있다.

얼음 1컵

라이트~미디엄 로스팅 커피 30g(6작은 테이블스푼)
분쇄도: 약간 가는 중간 굵기

뜨거운 물 225g(8oz)
(91~96℃/195~205℉ 또는 끓기 직전)

취향에 따라 크리머, 크림 또는 우유(선택 사항)

다음의 것도 필요:
푸어오버 또는 드립 커피 메이커, 온도계, 구즈넥 주전자 또는 얇고 안정적으로 물을 부을 수 있는 도구

커피를 추출할 용기에 얼음을 넣은 다음 커피 메이커를 맨 위에 놓는다.

분쇄된 커피를 필터에 넣고 가볍게 흔들어 가루를 가라앉힌다. 브루어를 저울 위에 놓고 용기를 눌러 0점 조절한다.

주전자의 물 50g(1 ¾oz)을 커피 위에 부어서 거품이 약간 일어나도록 한다(이것을 블룸 또는 불리기라고 함).

30초 후 남은 물로 원을 그리며 천천히 커피 위에 붓기 시작한다. 물줄기가 항상 필터가 아닌 커피에 닿도록 한다.

커피가 얼음 위로 천천히 떨어지게 한다. 추출한 후 간단한 시럽 등으로 달게 하거나 원하는 경우 크리머, 크림 또는 우유를 추가할 수 있다.

Notes:
뜨겁게 추출하는 방법&급속 냉각은 어떤 방법을 사용해도 상관없다. 얼음 위에 직접 에스프레소 샷을 추출할 수도 있다. 얼음이 너무 빨리 녹지 않도록 추출되는 동안 컵을 휘젓기만 하면 된다. 드립 또는 필터 레시피를 사용하는 경우 얼음의 무게만큼 전체 물의 양을 줄인다. 예를 들어 레시피에서 일반적으로 물 200g을 사용하는데 얼음 50g을 추가하는 경우 물을 150g으로 줄이면 된다. 이렇게 하면 추출액이 밍밍해지는 것을 방지할 수 있다. 드립 방식을 사용하는 경우 분쇄도를 더 미세하게 조정하여 언더 추출을 방지한다. 추출하는 데 원래 물의 양과 거의 같은 시간이 걸린다.

베트남의 붐, 불황, 그리고 강력한 커피 문화

1946년, 하노이: 한 진취적인 호텔 바텐더가
1차 인도차이나 전쟁 중에
부족해진 우유 대신 달걀노른자로
크림 같은 거품을 만들어 커피를 만들었다.

커피는 베트남이 프랑스의 지배를 받은 직후인 1857년 베트남 북부에 도입되었다. 그러나 생산량은 1975년 베트남 전쟁이 끝날 때까지 상대적으로 낮았다. 거의 1세기 동안의 정치적 격변과 군사적 갈등 끝에 전쟁은 공산주의 통치 하의 남북 베트남의 공식적인 통일로 끝났다.

1970년대 후반과 1980년대에 베트남 정부는 우호적인 경제 정책과 보조금으로 커피 생산의 성장을 지원했다. 경제가 회복되면서 커피 재배는 급속도로 확장되었다. 베트남은 불과 몇 십 년 만에 세계에서 두 번째로 큰 커피 생산국이 되었다.

많은 농부들이 커피 재배에 이상적인 조건을 갖춘 비옥한 중부 고원 지역으로 이주했다. 그 후 1990년대에 세계 커피 가격이 급등하면서 더 많은 농부들이 커피 재배에 참여하게 되었고 베트남은 세계 최고의 커피 생산국으로 자리 잡았다. 그러나 이후 10년 동안 세계 커피 시장의 가격이 급격하게 변동하면서 호황은 파산으로 이어졌다. 가격이 떨어지면서 많은 베트남 재배자들은 결국 생존을 위해 식량 기금에 의존하게 되었다. 베트남 커피 생산의 급속한 성장은 또한 환경 악화와 사회적 불평등을 초래했다.

대부분의 베트남 커피 생산자들은 소농이기 때문에 아라비카보다 로부스타를 재배하는 것이 현명한 선택이었다. 로부스타는 아라비카보다 집중적인 관리가 필요하지 않아서 비용이 저렴하다. 또한 해충과 질병에 대한 저항성도 좋으며 기후 적응도 강하다. 베트남은 현재 세계 최대의 로부스타 생산국이다.

로부스타는 카페인 함량이 높고 당도가 낮기 때문에 해충 피해가 적지만, 이러한 특성으로 인해 더 진하고 쓴맛이 나고 단맛이 적은 커피가 된다. 업계에서 일반적인 로부스타는 풍미가 뛰어나다는 평가를 받는 편이 아니어서 종종 의도적으로 다크 로스팅 된다(때로는 옥수수와 섞기도 함).

커피 로스터의 레시피는 영업비밀이라 확인하기 어렵지만, 일부 커피콩은 먼저 알코올, 생선 소스, 닭 지방, 버터, 소금, 설탕과 같은 풍미를 높이는 성분을 코팅한 것으로 여겨진다. 로부스타의 풍미는 연유, 코코넛 또는 생강과 같은 달콤하고 강한 향미의 재료와 함께 양조될 때 더욱 강화된다. 단독 또는 혼합된 로부스타는 현재 베트남에서 선호하는 스타일이다. 대부분의 레시피가 자신의 독특한 풍미 프로필을 염두에 두고 개발되었기 때문이다.

사이공(호치민 시)에서 커피는 카페벳(cà phê vợt)라고 하는 천으로 된 커피 삭(말레이시아 및 싱가포르 코피티암스(kopitiams)에서 사용되는 것과 유사, 210페이지 참조)로 추출되었다. 이것은 이제 구식 방법으로 간주된다. 현재 대부분의 커피숍에서는 프랑스에서 도입한 금속 드립 필터인 핀(phin, 프랑스 필터에서 파생됨)을 사용한다.

그 기원에 대해 약간의 의견 차이가 있지만 베트남 드립 필터 브루어는 1800년경 파리에서 발명되었고, cafetière à la de Belloy(때때로 dubelloire, Débéloire 또는 la débelloire라고도 씀)와 동일하다고 한다. 그리고 이것은 최초의 여과 방식 커피 브루어라고 여겨진다. 장 프랑수아 코스테(Jean-François Coste)는 1805년에 출판된 그의 저서 《그루망스 연감(Almanach des Gourmands)》에서 "모든 진정한 미식가는 [la cafetière Du Belloy의 사용]을 선택하기를

열망한다."라고 썼다. 이런 기록으로 미루어봤을 때 불과 수십 년 후 프랑스인들이 베트남 정복을 시작했을 때 이 휴대용 양조기를 가져갔다고 합리적으로 추론할 수 있다.

핀(phin)을 사용하여 진한 커피를 내린 후 취향에 따라 카페 덴(cà phê đen, 블랙 커피, 설탕을 추가하기도 함), 카페 수아(cà phê sữa, 가당 연유로 만든 밀크 커피)를 마시는데 다(đá, 차갑게) 또는 농(nóng, 뜨겁게) 마신다. 남베트남에서는 커피 한 잔과 차 한 잔을 함께 제공하는 경우가 많다.

> 요즘에는 신선한 유제품을 더 쉽게 접할 수 있지만 연유의 풍미는 이제 베트남 커피 문화와 뗄 수 없는 관계가 되었다. 또 다른 프랑스 도입품인 요거트도 커피와 혼합하여 카페 쓰어쭈어를 만든다.

수도 하노이에서는 여전히 프랑스 식민지배의 흔적들을 볼 수 있다. 프렌치 쿼터의 거리에는 작고 진한 커피를 즐길 수 있는 파리지앵 스타일의 노천 커피숍이 가득하다. 에리카 피터스(Erica Peters)는 자신의 저서인 《베트남에서의 식욕과 열망(Appetites and Aspirations in Vietnam)》에서 1900년대 초반까지 프랑스 요리의 많은 요소가 빵에서 커피에 이르기까지 베트남인에게 이미 스며들었다고 언급한다. 유럽식 커피 스타일은 신선한 우유를 가당연유로 대체하는 등 현지 취향에 맞게 조정되었다.

전통적으로 베트남에는 유제품이 부족했는데, 이유는 여러가지이다. 주로 덥고 습한 기후인데다 냉장 시설이 부족하여 부패하기 쉬운 유제품을 사용하기 어려웠다. 또한 식량 부족과 빈곤으로 프랑스인들이 사랑했던 유제품을 살 여유도 없었다. 연유도 똑같이 사치품으로 여겨지기는 했지만 보존하기가 더 쉬웠고 소량만 사용할 수 있었다. 그 결과 베트남의 대부분의 밀크 커피에는 강렬하고 쓴 로부스타와 완벽한 궁합을 이루는 연유가 들어간다. 요즘에는 신선한 유제품을 더 쉽게 접할 수 있지단 연유의 풍미는 이제 베트남 커피 문화와 뗄 수 없는 관계가 되었다. 또 다른 프랑스 도입품인 요거트도 커피와 혼합하여 카페 쓰어쭈어(cà phê sữa chua)를 만든다.

> 커피 로스터의 레시피는 영업비밀이라 확인하기 어렵지만, 일부 커피콩은 먼저 알코올, 생선 소스, 닭 지방, 버터, 소금, 설탕과 같은 풍미를 높이는 성분을 코팅한 것으로 여겨진다.

그리고 cà phê cốt dừa(코코넛 커피)가 있는데, 일반적으로 코코넛 밀크를 얼음과 혼합하고 블랙 커피 또는 카페 쯩(Cà Phê Trứng, 에그 커피)와 혼합하여 준비한다. 에그 커피의 기원은 하노이의 한 바텐더가 제1차 인도차이나 전쟁 기간 동안 우유 공급이 줄어들자 해결책으로 찾은 것이다. 그는 몇 가지 다른 재료를 석은 달걀노른자를 휘저어 이 크림 같은 달걀 거품을 블랙 커피 위에 올리는 독창성을 발휘했다.

(반대편, 하단) 베트남 카페에서 1컵용 금속 드립 필터들은 커피 깡통과 연유가 있는 선반 공간을 함께 차지하고 있다. 일반적으로 필터를 유리잔 위에 올리고 그 안에 커피가루를 채운 후 뜨거운 물을 붓는다.

Cà Phê Sữa 카페 수아

밀크 커피

핀(phin, 베트남식 커피 필터)을 사용하여 추출한 달콤하고 강렬한 커피다. 하노이와 북 베트남에서는 이 커피를 카페노(cà phê nâu)라고 부르며 약간 진하고 덜 달다. 상대적으로 적은 양이지만 맛이 강한 면이 있다. 고카페인 로부스타, 풍부한 설탕, 긴 추출 시간이 강렬함을 선사한다.

1회 제공량당 로부스타 커피 20g(4작은테이블스푼)
분쇄도: 곱게

가당 연유 1~2테이블스푼
1회 제공량당 갓 끓인 물 ½컵

다음의 것도 필요:
싱글 서브 핀

분쇄 커피를 1인용 핀에 넣는다(필터가 크면 양을 그만큼 늘린다). 가볍게 흔들어 수평을 맞춘다.

연유를 서빙 컵에 붓는다. 필터를 컵 위에 놓고 수평이 맞는지 확인한다.

필터의 프레스를 사용하여 커피를 탬핑한 다음 필터를 제자리에 둔다. 갓 끓인 물 몇 스푼을 붓고 30초 동안 그대로 둔다. 커피가 신선하면 거품이 난다.

필터 프레스가 들리면 부드럽게 눌러 수평을 맞춘 다음 뜨거운 물로 필터를 채운다. 뚜껑을 교체한다.

물이 떨어지기 시작하는 데 걸리는 시간을 확인하기 위해 잔 위에서 추출해도 된다. 첫 번째 드립은 1분 30초~2분, 마지막 드립은 5~6분 사이에, 3~5초마다 한 방울의 속도로 추출한다. 물이 너무 빨리 떨어지면 더 세게 탬핑하고(또는 다음에 더 곱게 갈아서), 물이 너무 느리게 떨어지면 더 가볍게 탬핑한다(또는 다음에 더 거칠게 분쇄).

Notes:
습한 동남아시아에서 자주 마시는 카페 쓰어다(cà phê sữa đá, 아이스 커피)를 만들려면 얼음 위에 붓는다. 블랙커피로 제공하거나 물이나 우유로 희석해도 좋고, 코코넛 밀크를 추가할 수도 있다. 커피가 추출되지 않으면 뚜껑이 진공 상태가 되지 않았는지 확인한다. 진공 상태인 경우 뚜껑을 교체하기 전에 제거하고 잘 말린다. 핀 구멍 크기는 표준화되어 있지 않다. 약간의 커피 찌꺼기가 떨어지는 것은 정상이다. 흔들 때 너무 많이 빠지면 핀 내부를 미리 적셔서 분쇄가루가 달라붙게 한다.

Cà Phê Trứng 카페 쯩

에그 커피

전설에 따르면 하노이의 이 달콤한 음료는 제1차 인도차이나 전쟁 중 우유가 부족했던 상황에서 프랑스 식민지 개척자들이 즐겨 마시던 카푸치노를 대체하기 위해 만들어졌다. 크리미하고 달콤하며 머랭 같은 연유 커스터드가 진하게 추출된 로부스타 커피와 잘 어우러진다.

카페덴농(ca phe đen nóng, 뜨거운 블랙 커피. 202페이지 카페 수아 레시피에 따른다) 1인분 단, 연유는 생략

달걀 노른자 2개

가당연유 4테이블스푼

설탕 1티스푼

다음의 것도 필요:

1인용 핀 필터

카페덴농을 추출할 때 서버를 더 큰 온수 용기에 담가 식지 않게 한다 (Notes 참조). 이 커피는 추출 시간이 오래 걸려 열을 많이 잃어 버리기 때문이다.

달걀 노른자, 가당연유, 설탕을 그릇에 넣고 크리미하고 매우 부드러운 봉우리를 형성할 때까지 전기 핸드 믹서기로 저속 혼합한다.

끓인 커피 한 티스푼을 넣고 약간 거품이 생길 때까지 휘젓는다.

블랙 커피 위에 앞에서 만든 달걀 머랭을 붓고 함께 제공한다. 마시기 전에 스푼으로 젓는다.

Notes:

베트남식 필터가 없으면 대신 아주 강한 프렌치 프레스나 에스프레소를 사용한다. 날달걀을 섭취하면 살모넬라균에 감염될 위험이 있다는 점을 꼭 유의하도록 한다. 또는 저온 살균된 달걀을 사용할 수도 있다. 그것도 아니라면 이중 냄비에서 달걀 노른자와 설탕을 휘젓고 온도가 72°C/160°F가 되도록 할 수 있다(온도계를 사용하여 확인). 이렇게 하면 감염 위험이 최소화되지만 농도가 달라진다. 달걀이 으깨지지 않도록 계속 휘핑한다. 달걀이 온도에 도달하면 즉시 이중 냄비 상단을 얼음 수조에 넣어 더 익지 않도록 하고 연유를 섞는다.

Cà Phê Cốt Dừa 카페 꼿즈어

코코넛 커피

이 현대적인 커피 창작물은 베트남 전역에서 볼 수 있지만 특히 뜨겁고 끈적한 기후의 하노이에서 인기가 있다. 시원하고 달콤하며 상쾌한 음료로 베트남의 습한 날씨와 잘 어울린다. 핀(베트남 커피 필터)으로 끓인 강렬한 블랙 커피 컵 위에 코코넛 밀크 슬러시를 얹은 것이다.

가당연유 2테이블스푼

캔에 든 코코넛 밀크 또는 크림 4테이블스푼
(아래 Notes 참조)

얼음 1 ½컵
카페덴농 (뜨거운 블랙 커피, 202페이지 카페 수아
(밀크 커피) 참조) 1인분,
단, 연유는 생략

다음의 것도 필요:
블렌더, 1인용 핀(베트남식 커피 필터), 칵테일 셰이커

연유, 코코넛 밀크 또는 크림, 상당량의 얼음(큐브 몇 개는 남겨두기)을 믹서기에 넣는다. 얼음이 눈처럼 될 때까지 혼합한다.

카페덴농을 핀 필터에 넣고, 남은 얼음과 함께 칵테일 셰이커에 넣고 뚜껑을 닫은 다음 거품이 날 때까지 세게 흔든다. 서빙용 유리컵에 붓는다.

코코넛 슬러시를 커피에 부으면서 유리잔 한가운데 쌓아 올린다.

숟가락으로 저으면서 마신다.

Notes:
이 메뉴에는 팩이 아닌 캔에 들어 있는, 희석되지 않은 코코넛 밀크나 크림이 필요하다. 또한 얼음을 적절하게 혼합하기 위해 날카로운 칼날이 있는 고성능 블렌더가 필요하다. 얼음이 없으면 빙수용 얼음을 구입하거나 일반 얼음 봉지를 손으로 부수어 사용할 수 있다.

Cà Phê Sữa Chua 카페 쓰어쭈어

요거트 커피

베트남 요리는 프랑스의 영향을 많이 받았는데, 이 음료는 그 대표격이다. 프랑스인이 요거트(버터, 우유, 치즈와 함께)를 도입한 후 베트남인은 이러한 유제품 중 일부를 커피에 첨가하는 실험을 시작했다. 커피에 요거트를 첨가하는 방법이 언제 어디서 시작되었는지는 불확실하지만, 달콤하고 묽은 베트남 스타일의 요거트가 추가된 블랙 커피는 쉽게 찾아볼 수 있다.

카페덴농 (뜨거운 블랙 커피, 202페이지 카페 수아
(밀크 커피) 참조) 1인분,
단 연유는 제외

가당연유 2테이블스푼

일반 전지 요거트 ½컵
(아래 Notes 참조)

으깬 얼음 1컵

다음의 것도 필요:
1인용 핀

카페덴농 한 잔을 끓인다.

추출하면서 연유와 요거트를 서빙 글라스에 부드럽게 섞는다. 으깬 얼음을 위에 붓는다.

얼음 위에 커피를 부은 다음 서빙하기 전에 섞는다.

Notes:
이 레시피에는 플레인 요거트가 필요하다. 가당도 괜찮지만 그릭 요거트처럼 걸쭉하지 않은 것으로 고른다. 섞기 전에 소금을 한 꼬집 더할 수도 있다. 많은 바리스타들이 이 커피에 자신만의 감각을 더한다. 요거트 위에 붓기 전에 커피와 얼음 두어 개를 블렌더에 넣고 휘저어 커피 슬러시를 만들거나, 카페덴농을 달고나 커피(232페이지 참조)와 같은 휘핑 커피로 바꾸는 식이다.

싱가포르의 다양한 풍미

1900년대 초, 싱가포르: 하이난 이민자들은,
영국 식민지 가정을 위해 요리를 한 후,
빈 상점을 코피티암(kopitiams)이라는
커피하우스로 바꾸기 시작했다.

싱가포르의 코피티암(kopitiams)은 전통을 고수함으로써 현지에 특화된 커피 문화를 보존한다. 'kopi'라는 단어는 말레이어로 커피를 의미하고 tiam(店/diàn)은 호키엔어로 상점을 의미한다. 코피티암은 말레이시아, 태국 남부, 브루나이, 인도네시아에서도 찾아볼 수 있는데, 각 지역마다 고유한 문화가 있다.

이 커피하우스는 일반적으로 개방형이며 동남아시아 국가의 습도를 유지하기 위해 천장 선풍기에 의존한다. 활기찬 노인 커뮤니티는 대화하고, 게임을 하고, 신문을 읽고, 세상이 흘러가는 것을 지켜본다. 코피티암(kopitiams)은 해가 뜰 때부터 남녀노소 가득 차 있고, 모두 현지 코피를 후루룩 마시면서 열대 도시 국가가 깨어나는 것을 지켜본다.

현지 로스터는 먼저 녹인 설탕으로 커피 원두를 코팅하도록 교육을 받는데, 유럽의 토레팩토 방식에서 변형된 형태이다. 일반적으로 옥수수도 블렌드에 추가된다. 마지막으로 로스터는 설탕을 입힌 원두가 식을 때 서로 달라붙지 않도록 마가린을 추가한다. 이 로스팅 방법은 동남아시아에서 가장 널리 재배되는 종인 로부스타 커피 원두의 풍미를 향상시킨다. 커피 업계의 일부에서는 코피 로스트가 커피의 결점을 가리고 파운드당 수익을 개선하기 위해 원두의 무게를 늘려 왔다고 주장한다. 그것이 사실이든 아니든, 그 독특한 풍미는

지역 커피 문화의 필수적인 부분이 되었다.

이 스타일의 커피는 공식적으로 난양 코피(Nanyang kopi)로 알려져 있으며, 그 이름은 현지 커피 문화에 영감을 준 다양한 조합으로 증명된다. 난양은 중국어로 남쪽 바다라는 뜻인데, 이는 중국인이 동남아시아의 따뜻한 땅을 지칭하기 위해 사용하는 용어다.

싱가포르의 이민과 식민 역사는 여러 가지 다양한 요리 문화를 낳았다. 싱가포르인은 주로 중국인, 말레이인, 인도인이다. 이 지역의 식민 역사에서 네덜란드와 영국의 영향도 살짝 엿볼 수 있는데, 아마도 음식 문화에서 가장 눈에 띄는 부분일 것이다.

영국 식민지 시대(1819) 무렵, 상당한 인구가 중국 남부에서 싱가포르와 말레이시아로 이주했다. 부유한 이민자들은 섬유 및 향신료 거래와 같은 산업을 인수했고, 덜 부유한 이민자들은 육체노동을 하였다. 하이난인(Hainanese)는 테오슈인, 푸저우인, 푸젠인(Teochews, Fuzhounese, Fujianese) 및 다른 사람들 다음으로 도착하여 이민에 상대적으로 늦은 편이었다.

그들이 싱가포르에 왔을 때 무역을 할 수 있는 선택지가 거의 없었기 때문에 하이난인들은 식민지 가정을 위한 서비스 노동자로서 개발한 기술들을 사용하여 지역 주민들을 위한 커피숍을 열었다. 오늘날까지 코피티암(kopitiams)은 종종 하이난 코피티암(Hainanese kopitiams)이라는 명칭으로 상업적인 발전에 기여한 하이난인에 공을 돌린다. 하이난인은 한 국가의 주요 음료를 가져다가 현재 상태로 끌어 올렸다.

1980년대 이전에 코피는 일반적으로 녹색 또는 파란색 잉크로 꽃무늬가 있는 작은 도자기 또는 질그릇에 담겨 제공되었다. 접시는 이 전형적인 코피티암 음식을 제공하는 데 사용되었다. 이 전형적인 코피티암 음식은 직접 깨서 후추와 진한 간장을 뿌려 먹는 노른자가 아주 살짝만 익은 달걀이나, 카야(달콤한 코코넛 스프레드) 토스트로, 아마 많은

하이난 요리사들이 일했던 토스트를 좋아하는 영국 식민지 가정에서 유래된 것으로 생각된다. 이 컵의 기원은 중국이지만 이제는 많은 싱가포르인들에게 향수를 불러일으키는 아이템이 되었다.

이 컵에는 연유, 농축우유, 커피와 설탕의 독특한 레시피가 혼합된다. 국가에 활력을 주고 코피 삼촌이나 이모(또는 초기에는 코피 키아 또는 커피 키드)같은 애정 어린 이름으로 불리는 이 판매자들은 그들의 재능을 전시한다. 그들은 증기의 소용돌이와 커피와 캐러멜화된 설탕의 둥둥 떠다니는 향기 한복판에서 그들의 뛰어난 기술을 과시한다. 모든 싱가포르인은 자신이 가장 좋아하는 코피티암을 가지고 있고, 누가 최고의 코피를 만드는 사람인지 물어보면 다양하고 단호한 추천 리스트를 12명 정도 받을 수 있다.

> 좋아하는 단맛의 정도와 선호하는 서빙 온도, 좋아하는 우유 종류에 따라 132가지가 넘는 정식 조합이 있다.

어둡고 강렬한 현지 코피를 끓이려면 커피 가루를 뜨거운 물과 섞은 다음 칠흑 같은 액체를 커다란 강철 물주전자들에 폭포수처럼 붓는다. 이 과정은 커피를 고르게 추출할 뿐만 아니라 커피 원두를 덮고 있는 흑설탕을 녹이는 역할을 한다. 여러 번 부은 후(주문한 사람에 따라 이상적인 횟수는 다름) 코피는 손잡이가 유리로 된 머그잔이나 작은 무늬가 있는 세라믹 컵에 담겨 제공되며 현지에서는 코피 삭으로 알려진 긴 천 필터를 통해 커피 찌꺼기를 거른다.

주문과 관련하여 싱가포르의 다양성은 정말 빛을 발한다. 좋아하는 단맛의 정도와 선호하는 서빙 온도, 좋아하는 우유 종류에 따라 132가지가 넘는 정식 조합이 있다. 양조업자마다 자신의 경험, 맛, 사용하는 커피 브랜드에 따라 비율, 방법 또는 레시피가 조금씩 다르기 때문에 코피에 대한 실제

표준화된 레시피는 없다.

> 이 스타일의 커피는 공식적으로 난양 코피로 알려져 있으며, 그 이름은 현지 커피 문화에 영감을 준 다양한 조합으로 증명된다. 난양은 중국어로 남쪽 바다라는 뜻이다.

호키엔(Hokkien) 또는 말레이(Malay) 용어를 사용하면 당신의 기호에 맞는 음료를 쉽게 주문할 수 있다. 표준 코피(kopi)는 연유 약 2테이블스푼이 섞인 음료로 유백색이고 매우 달콤하며, 반면에 코피오(kopi-O, 블랙 커피)에는 설탕 약 2테이블스푼이 추가된다. 코피 C(kopi C)를 요청하면 연유가 농축 우유로 대체된다. 호키엔(Hokkien) 용어인 시우 다이(siew dai)는 설탕을 1테이블스푼만 넣어 단맛을 줄인 것을 의미한다. 가 다이(Ga dai)는 첨가된 설탕의 양을 3테이블스푼으로 늘려달라는 뜻이고, 0을 뜻하는 말레이어인 코송(kosong)은 코피 삼촌이나 이모에게 설탕을 전혀 첨가하지 말아달라고 말하는 것이다. 아이스 커피를 찾고 있다면? 코피 주문에 펭(peng)을 추가하기만 하면 된다.

(옆) 싱가포르 시는 차이나타운 구역의 거리 위로 우뚝 솟아 있다(216페이지도 동일). 가족이 운영하는 작은 커피 가판대와 상점 중 일부에서는 빨대가 있는 비닐봉지에 커피를 담아 파는 것이 드문 일이 아니다.

Kopi 코피

커피

베이직한 코피는 설탕과 마가린으로 코팅해 특별히 로스팅된 원두로 추출된다. 진한 커피에 크리미한 연유가 어우러져 달콤함이 강렬하게 퍼진다. 싱가포르에서는 코피 블랙(Kopi O)을 많이 마시는데, 연유 대신 설탕 2테이블스푼을 넣는다.

난양 스타일 커피 20g(4작은 테이블스푼)
분쇄도: 곱게~중간

뜨거운 물 200ml(7fl oz)
(95~98°C/203~208°F)

연유 2테이블스푼

다음의 것도 필요:
천으로 된 커피 삭 필터(아래 Notes 참조),
피처 두 개(가급적 금속 제형)

뜨거운 물로 서빙 컵을 데운다.

천으로 만든 커피 삭 필터를 헹구고 금속 피처 중 하나에 올린다. 다른 피처에 커피를 계량하고 정확한 온도가 되면 뜨거운 물을 그 위에 붓는다(온도계를 사용하여 테스트). 30초 동안 그대로 둔다(커피가 신선한 경우 거품이 발생해야 함).

고운 가루를 사용하는 경우 30초에서 1분 동안 젓는다. 중간 정도로 분쇄했다면 저은 후 3~4분 동안 우러나도록 둔다. 그런 다음 다시 빠르게 저어서 따른다.

피처의 커피를 삭 필터를 통해 다른 피처에 붓는다.

서빙 컵에서 뜨거운 물을 뺀 후 입맛에 따라 연유 2테이블스푼을 넣는다. 그 위에 여과된 코피 베이스 음료를 붓는다. 코피 베이스는 ⅔컵(150ml/5fl oz) 조금 넘게 남는다.

난양 코피, 즉 설탕에 볶은 커피 원두를 사용할 때 보통 코피를 물 또는 물을 섞은 우유에 대략 2:1로 희석한다. 일반 로스트 커피를 사용하는 경우 많이 희석할 필요가 없다.

골고루 섞어 서빙한다.

Notes:
코피의 장점은 취향에 쉽게 맞출 수 있다는 점이다. 설탕을 줄이거나, 연유 대신 전지유를 추가하거나, 더 뜨거운 물로 희석할 수 있다. 천으로 된 커피 삭 필터는 온라인이나 많은 아시아 식료품점에서 쉽게 찾을 수 있다. 난양 코피 로스트가 이 음료의 풍미에 필수적이기는 하지만 이러한 유형의 로스트를 찾을 수 없다면 대신 토레팩토 커피를 찾을 수 있는지 확인해 보자.

Kopi Gu You 코피 구유

버터 커피

다른 나라에서는 최근에야 목초 버터와 코코넛 오일을 모닝 커피에 넣기 시작했지만, 싱가포르 사람들은 1900년대 초부터 커피에 버터 덩어리를 첨가해서 마셔 왔다.

코피 1컵(218페이지 참조)

버터 ½테이블스푼(무염이 가장 좋음)

기본 코피를 추출하되, 연유는 아직 젓지 않는다.

버터를 위에 띄운다. 코피티암(kopitiams)에서는 무염 버터를 주로 사용하지만 기호에 따라 가염 버터를 사용해도 된다.

버터가 녹으면 연유까지 잘 섞은 후 바로 마신다.

Notes:
다른 형태의 코피를 추출하고 버터를 추가할 수도 있다. 단맛을 곁들이지 않는 버전을 선호한다면 설탕을 넣지 않은 블랙 커피인 코피 오코송(kopi-O-kosong)과 함께 즐겨보자.

무력 외교부터
갑작스런 성공까지

1900년대 중반, 서울: 다방이라고 불리는
커피와 찻집은 수십 년간의 식민 지배,
전쟁, 불안을 겪은 후
문화적 만남의 장소로 확산되었다.
미군의 인스턴트 커피 배급으로
다방의 성장은 촉진되었고, 다방은
특별한 장비 없이 커피를 제공할 수 있게 되었다.

흔히 그렇듯이 한국과 커피의 관계는 정치와 뗄 수 없는 관계이다. 아프리카에서 시작된 커피의 세계 여행은 식민지의 소비, 경작 및 상업의 도움을 자주 받았다.

1800년대 후반 이전, 한국의 외교는 주로 중국과 일본에 국한되어 있었다. 당시 중국이나 일본에서 커피는 널리 소비되지 않았기 때문에, 비록 최초의 커피가 한국 해안에 상륙한 기원이나 시기에 대한 명확한 기록은 없지만 1800년대 후반 이전에 한국에 커피가 도입되었을 가능성은 낮다.

1876년 조선(대한민국의 마지막 왕조)의 왕 고종은 강화도조약을 체결했다. 그때까지는 왕실이 외국 선박을 경계했기 때문에 대외 무역이 매우 제한적이었다. 그러나 일본은 조선이 조약에 서명하도록 설득하기 위해 고전적인 무력 외교를 사용했다. 일본은 무역을 위해 조선의 3개 항구를 개방하게 하는 등 유리한 조건을 따냈다. 그 후 1910년 일본이 대한제국을 병합하면서 35년간의 식민통치가 시작되었다.

1700년대와 1800년대에 네덜란드 배를 타고 일본에 처음 도착한 커피는 한국의 식민지 시대가 시작되었을 때 이미 일본 사회의 한 특징이었다. 동화 정책에 대한 식민주의적 강조와 일본 문화의 영향력을 확장하려는 욕구는 한국에서 커피 소비를 증가시키는 데 확실히 영향을 주었다.

1896년 러시아 대사의 누이가 고종에게 커피를 대접하면서, 고종이 한국에서 처음으로 커피를 맛본 사람이라는 이야기는 유명하다. 이 이야기는 아마도 상상에 더 가까운 이야기일 것이다. 한국의 커피 관련 기록 중 아마도 가장 빠른 것은 미국인 퍼시벌 로웰(Percival Lowell)로, 그는 한국 최초의 미국 특별 사절단 외교관을 에스코트한 후 한국을 방문하도록 초청받았다. 로웰은 그의 후속 저서 《조선, 고요한 아침의 나라(Chosön, the Land of the Morning Calm)》에서 "1884년 1월, 도지사가 나를 잠자는 파도의 집에 초대했고 우리는 조선의 최신 트렌드인 식후 커피를 마셨다"라고 적었다.

커피는 이후 몇 년 동안 역사적 문헌에서 자주 언급된다. 처음에는 왕족과 상류층이 마셨지만 커피의 인기는 빠르게 퍼졌다. 박영순 교수는 그의 저서 《커피 인문학(Coffee Humanities)》에서 1899년 서울 최초의 다방이 문을 열었다는 기록을 남겼고, 1900년대 초반에는 노점상에서도 커피를 팔았다고 기록하고 있다. 또한 블랙 커피가 효과적인 회충 치료제라는 소문이 인기를 높이는 데 도움이 되었다고 글을 남겼다.

이후 수십 년 동안 한국의 소비재는 일본과 서양 문화의 영향을 많이 받았다. 식민지 시대에 커피를 마시는 경향이 크게 증가했다고 추측하기 쉽지만, 일제 식민지 시대의 커피 문화에 대한 기록은 거의 없다.

20세기 초중반, 다방이라고 불리는 커피와 찻집은 어디에나 있었다. 유럽의 커피하우스와 마찬가지로 이곳은 작가, 시인, 일반 대중뿐 아니라 정치적 반대 운동에 참여하는 사람들을 위한 중요한 모임 장소였다.

1896년 러시아 대사의 누이가 고종에게 커피를 대접하면서, 고종이 한국에

서 처음으로 커피를 맛본 사람이라는 이야기는 유명하다.

제2차 세계대전이 끝나자 미군은 인스턴트 커피를 대량으로 배급했고 그중 일부는 남한 사회에 스며들었다. 박 교수는 자신의 저서에서 인스턴트 커피에는 특별한 양조 장비가 필요하지 않았기 때문에 인스턴트 커피의 도입이 다방의 확산에 도움이 되었다고 말한다.

20세기 초중반, 다방이라고 불리는 커피와 찻집은 어디에나 있었다. 유럽의 커피하우스와 마찬가지로 이들은 정치적 반대에 참여하는 사람들이 모이는 중요한 장소였다.

미국 식품 대기업 제너럴 푸드(General Foods)는 자사 브랜드인 맥스웰 하우스 인스턴트 커피를 미군에게 공급했다. 맥스웰 하우스라는 이름은 1970년대에 맥스웰 하우스가 한국에서 국내 생산 허가를 받았을 정도로 한국의 커피와 관련이 깊다. 한국의 인스턴트 커피 생산은 커피 소비의 폭발적 증가로 이어져 커피가 다방에서 가정으로 이동하는 데 일조했다.

오늘날 100년 전의 다방들은 드립 커피를 파는 스페셜티 카페에 자리를 내주고 뒷전으로 밀려났다. 한국인들은 다방커피를 인스턴트커피와 연관 짓는 경향이 있다.

수십 년 동안 혁신적인 스페셜티 로스터와 커피 전문가들은 업계를 발전시켜 왔다. 한국은 스페셜티 커피의 허브로 명성을 쌓았고, 서울에서는 매년 아시아 최대 규모의 커피 축제가 열린다. 북한과의 접경 비무장지대인 DMZ 근처에도 스페셜티 커피숍이 있다.

특히 서울에 있는 일부 한국 카페는 음료 표면에 귀여운 얼굴을 띄우거나(223페이지), 코코아로 스텐실 처리를 하거나(227페이지), 거품에서 솟아오르는 듯한 마시멜로(228페이지) 등 라페아트 작업에 참신한 접근 방식을 적용한다.

달고나 커피

4천 번 저은 커피

이 커피는 맛과 모양이 한국말로 달고나라고 불리는 벌집 사탕과 비슷해서 붙은 이름이다. 최근 한국인들에게 대중화되었지만 다른 곳에서 유래했을 가능성이 크다. 피티 후이(phitti hui), 펜티 후이(phentti hui) 또는 페타(pheta) 커피라고 부르는 인도와 파키스탄을 포함하여 여러 국가에서 수년 동안 이 커피를 만들어 왔다.

인스턴트 커피 2테이블스푼

과립 설탕 2테이블스푼

뜨거운 물 2테이블스푼

얼린 우유 또는 뜨거운 우유 1컵

다음의 것도 필요:

거품기가 부착된 핸드 블렌더 또는 믹서(선택사항)

인스턴트 커피, 설탕, 물을 믹싱볼에 넣고 걸쭉하고 옅은 크림색이 될 때까지 휘핑한다. 최소 2~3분이 소요된다. 손으로 휘핑하는 경우 8~10분 이상 걸릴 수 있다.

우유를 유리잔에 붓고 휘핑한 커피 혼합물을 숟가락으로 떠서 위에 얹는다.

마시기 전에 젓는다.

Notes:

이 레시피에는 인스턴트 커피와 설탕을 사용해야 한다. 일반 원두로 추출하는 커피와는 어울리지 않는다. 탈수 과정을 거친 인스턴트 커피에 유화제를 첨가하여 블렌딩하면 더 크리미하고 거품이 많은 음료가 된다. 설탕은 점도를 증가시켜 거품을 더 오래 유지한다. 뜨거운 스팀 우유로 만들어도 되고, 차가운 우유로 아이스 커피를 만들 수도 있다.

모닝 커피

노른자 커피

한국의 다방에서는 종종 블랙 커피 한 잔에 달걀노른자를 첨가했다. 지금은 유행이 지났지만, 20세기 중반에 흔히 볼 수 있었던 이 음료는 아침 식사 겸 음료로 매우 인기가 있었기 때문에 모닝 커피로 알려져 있다.

블랙 커피 1잔

달걀 1개

볶은 참기름 2~3방울

선호하는 방법을 사용하여 블랙 커피 한 잔을 추출한다. 한국에서는 인스턴트 커피를 선호하지만 프렌치 프레스나 일반적인 필터 블랙 커피 추출법을 사용할 수 있다.

달걀을 깨서 흰자와 노른자를 분리한다. 숟가락으로 노른자를 올리고 참기름을 뿌린다. 노른자를 블랙 커피에 조심스럽게 넣고 젓는다.

Notes:

날달걀을 섭취하면 살모넬라균에 걸릴 위험이 있다. 가능한 경우 저온 살균 달걀을 사용하고, 아니라면 다소 위험할 수도 있으니 주의한다. 많은 전통적인 레시피와 마찬가지로 일부 커피숍과 홈 브루어는 종종 자체 재료를 추가한다. 많은 모닝 커피 레시피는 달걀 노른자 위에 약간의 소금을 넣고 커피에 섞기 전에 잣이나 잘게 썬 호두를 뿌린다.

북유럽의
생존과 저항

18세기, 북유럽 사프미(Sápmi): 원주민 사미족(Sami)은 순록 우유 치즈(gáffevuosta), 말린 순록 고기 또는 순록 창자 지방인 마제부오이디(maŋŋebuoidi)를 커피 위에 올렸다.

북유럽 국가 또는 노르딕(Nordics)은 북유럽의 중요한 지역을 포함하는 지리적 및 문화적 지역이다. 노르웨이, 스웨덴, 아이슬란드, 핀란드, 덴마크, 페로 제도는 모두 북유럽 국가이며 이곳의 주민들, 특히 이 지역 최북단인 사프미(Sápmi)에 거주하는 원주민 사미(Sámi)족 사람들이 상당한 양의 커피를 소비한다. 윌리엄 우커스(William H. Ukers)는 1922년에 출판된 그의 책 《커피에 대한 모든 것(All About Coffee)》에서 스웨덴이 세계에서 1인당 커피 소비량이 가장 많다고 언급했다. 이러한 경향은 계속되어서 북유럽 국가들은 1인당 커피 소비량 부분에서 꾸준히 상위 5위 안에 들고 있다.

커피는 1600년대 후반에 스웨덴으로 수입되었고, 곧이어 다른 북유럽 국가로 수입되었다. 스웨덴은 18세기와 19세기에 걸쳐 커피 금지와 과중한 세금을 번갈아 시행했지만 대중은 결코 따르지 않았다. 밀수는 만연했고 커피는 부르주아뿐만 아니라 일반인의 음료가 되었다.

현대 분류학의 아버지로 여겨지는 스웨덴의 유명한 식물학자 카롤루스 린네(Carolus Linnaeus, Carol von Linné라고도 함)는 1737년에 처음으로 코페아(Coffea)속을 분류했다. 린네는 건강을 해치는 커피를 비웃고, 커피가 외국 제품으로서 스웨덴의 경제와 문화에 피해를 주고 있다는 민족주의적 견해(당시 유럽에서 일반적이었던)를 유지했다.

린네 외 많은 의사들과 박물학자들은 지역의 커피 대체품을 찾는 데 많은 시간을 보냈다. 한나 호닥스(Hanna Hodacs)는 《스웨덴의 커피와 그 대체품(Coffee and Coffee Surrogates in Sweden)》에서 너도밤나무 열매, 불에 탄 빵, 파바콩, 도토리, 해바라기 씨, 귀리, 주니퍼 베리, 옥수수, 호밀, 치커리, 밤, 땅콩, 루핀 씨, 당근, 감자, 검정 또는 붉은 건포도 씨앗이 다양한 역사적 기록에서 커피 대용품으로 제안되었다고 말한다. 종종 이러한 요소 중 일부는 실제 커피와 혼합되어 공급을 늘리고 음료를 특정 또는 지역 취향에 맞게 조정했다.

오늘날 피카(fika)의 전통은 많은 스웨덴 사람들이 공통으로 갖는 일상 의식이다. 커피를 뜻하는 스웨덴어(kaffe)의 두 음절을 도치한 것으로 알려진 이 단어는 동사이자 명사이다. 'Fika'는 시간을 내어 휴식을 취하거나, 속도를 늦추거나, 리셋한다는 의미이기도 하고, 친구를 만날 때와 그 시간에 먹는 커피 한 잔과 카페브로드(kaffebröd, 커피 빵 또는 구운 과자) 모두를 의미한다.

안나 브론즈(Anna Brones)와 요한나 킨드발(Johanna Kindvall)은 저서 《피카: 스웨덴 커피 휴식의 예술(Fika: The Art of the Swedish Coffee Break)》에서, 피카는 특히 나이든 세대에게 커피를 마시는 것 이상의 의미가 있다고 언급한다. "스카 비 피카?(Shoy we fika?)는 '잠시 쉬자, 함께 시간을 보내자, 천천히 가자'라는 뜻이다." 커피는 또한 어디에나 있는 초클라드볼라(chokladbolla, 초콜릿 볼)와 같은 많은 피카 스낵의 재료로도 사용된다.

노르웨이와 스웨덴, 특히 시골 지역에서는 1800년대부터 커피에 위스키를 더하는 것이 인기를 끌었다. 이 독한 음료는 지역에 따라 kaffe-doktor(커피 박사), kaffegök, karsk 또는 uddevallare 등 다양한 이름으로 불린다. 마시는 장소에 따라 레시피도 변경된다. 특정 지역에서는 브랜디(또는 코냑)와 혼합한다. 그러나 전통적인 조리법은 변함이

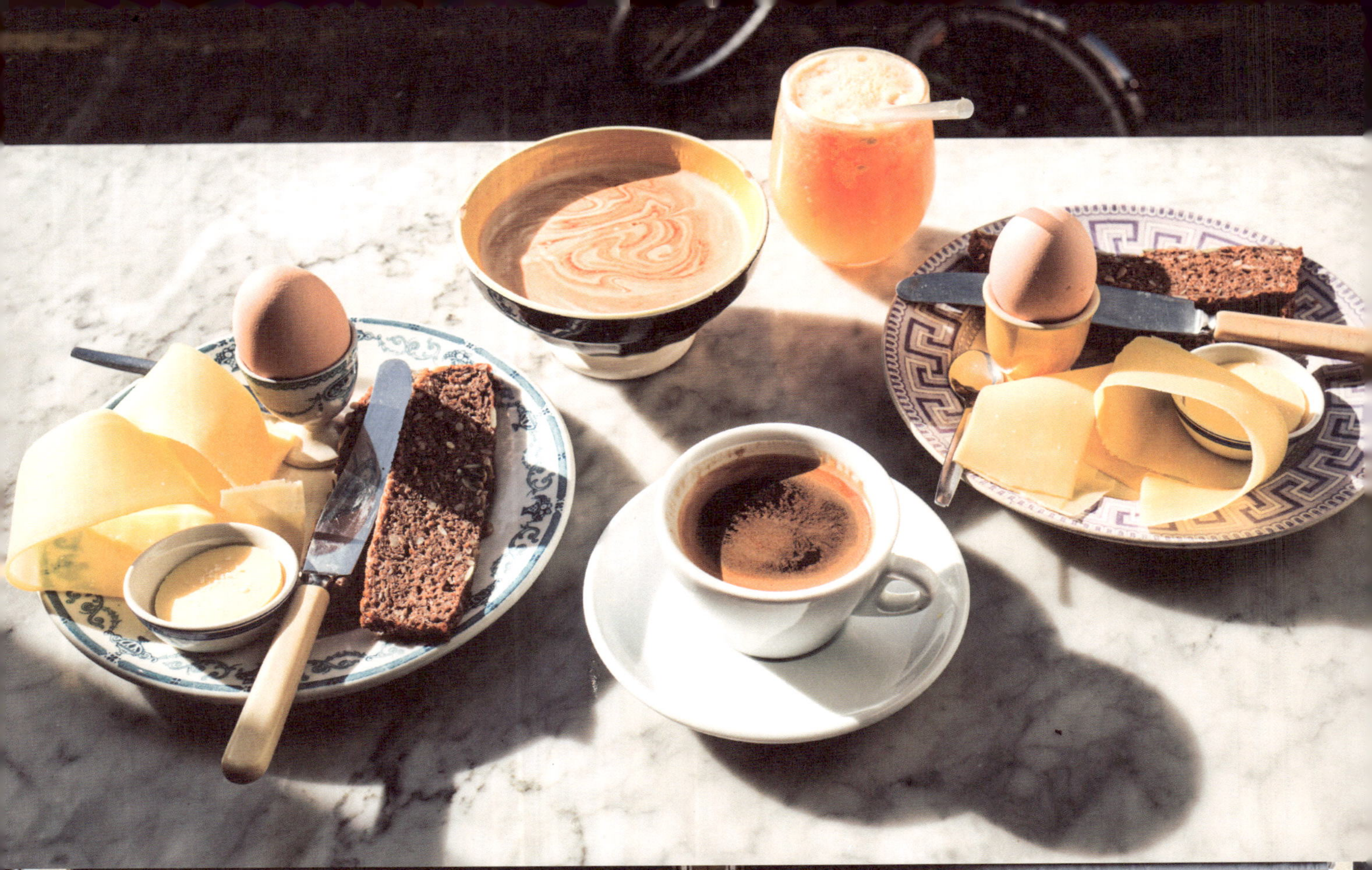

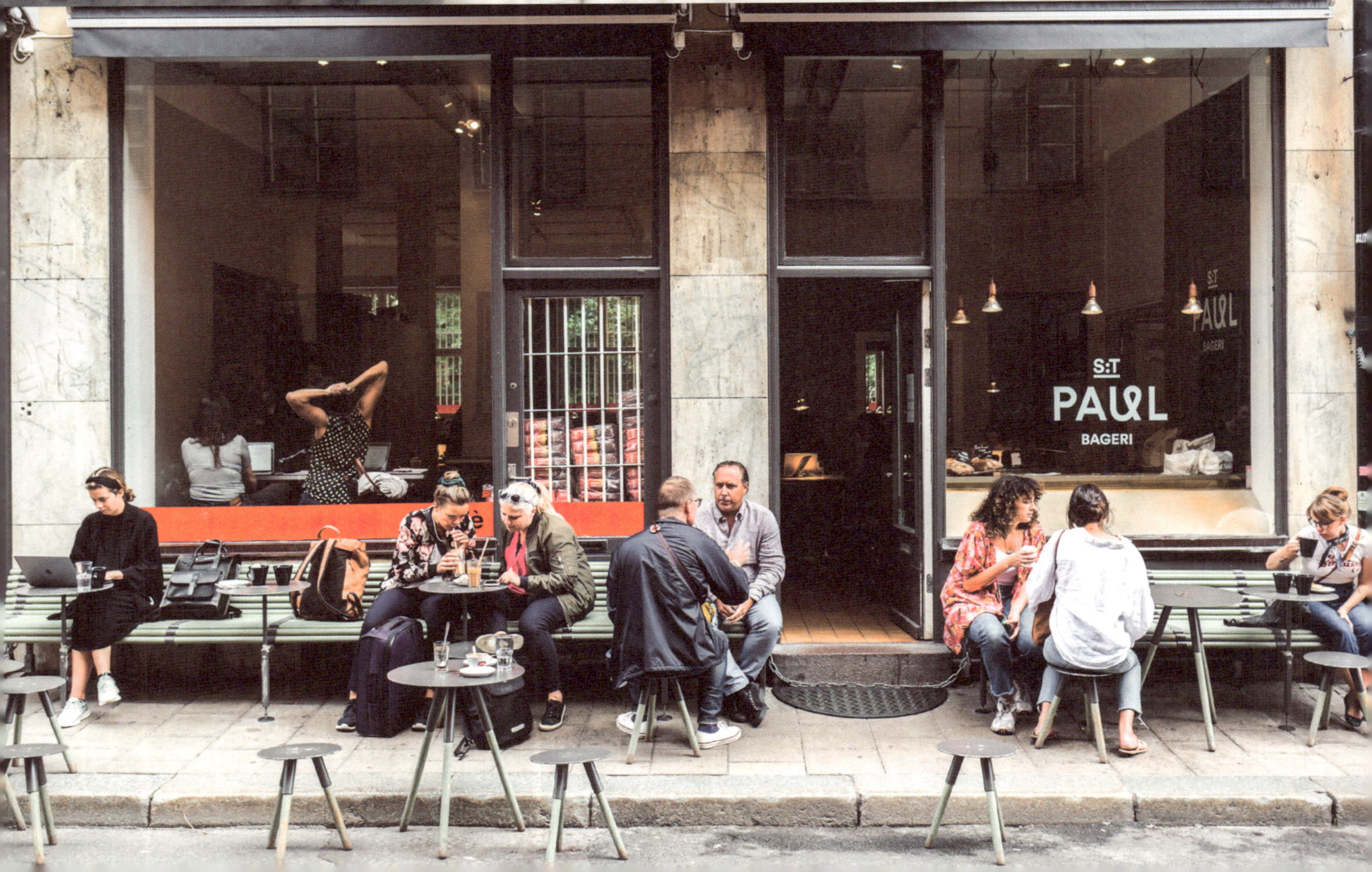
S:T
PAUL
BAGERI

없다. 동전을 컵 바닥에 떨어뜨린 다음 아무것도 보이지 않을 때까지 커피를 붓는다. 그런 다음 동전이 다시 보일 때까지 술을 붓는다.

> 노르웨이와 스웨덴, 특히 시골 지역에서는 1800년대부터 커피에 위스키를 더하는 것이 인기를 끌었다. 이 독한 음료는 지역에 따라 kaffe-doktor(커피 박사), kaffegök, karsk 또는 uddeval-lare 등 다양한 이름으로 불린다.

덴마크 사람들은 또한 그들의 카페펀치(kaffepunch, 슈냅스 및 설탕을 넣은 커피)를 좋아한다. 1860년대에 남부 유틀란트 지역은 독일의 지배를 받게 되었을 때, 사람들은 마을 회관에 모여 집회를 열고 덴마크 노래를 불렀지만 독일 당국은 집회에서 술을 제공하는 것을 허용하지 않았다. 전통적인 카페펀치 없이 이 회의를 끝내는 것에 만족하지 못한 그들 덕분에, 쇠네르이스크 카페보드(sønderjysk kaffebord, 남부 유틀란트 커피 테이블) 전통이 시작되었다.

덴마크인들은 대신 "커피를 마시러 만났고" 테이블을 케이크와 제과류로 채우고 그들이 좋아하는 만큼의 카페펀치를 제공했다. 독일 당국은 이 비공식 모임에서 일어난 일에 대해 발언권이 없었고 참석자들은 자유롭게 마시고 덴마크식 비유법을 마음껏 내뱉을 수 있었다. 참석자들이 각자 케이크를 가져오는 경우가 많았기 때문에 점점 경쟁화되었다. 오늘날 쇠네르이스크 카페보드는 빵과 커피로 진수성찬을 제공하는 전통을 이어가고 있다.

마담 블로(Madam Blå, Madame Blue) 에나멜 커피포트는 20세기 덴마크 가정의 상징이다. 이 커피포트는 덴마크의 커피 문화에 큰 영향을 미쳤다. 그것은 1에서 50컵까지 다양한 용량으로 제공되었으며 아침에 브루잉한 다음 하루 종일 원할 때 바로 마실 수 있게 스토브에 두도록 설계되었다. 공장은 1966년에 문을 닫았지만 많은 주방과 카페에서는 여전히 향수를 불러일으키는 물건으로 에나멜 커피포트를 고수하고 있다.

사프미(노르웨이 북부, 스웨덴, 핀란드, 러시아의 대부분을 포함하는 지역)에 거주하는 토착 부족인 사미족의 문화는 그들이 전통적으로 거주했던 극도로 추운 환경에 의해 형성되었다. 많은 사미족 사람들은 순록 목축업에 종사했으며 대부분의 식량을 반야생 가축 떼에 의존했다. 《토착의 개화: 사프미와 아이누 모시르의 활력을 넘어(Indigenous Efflorescence: Beyond Revitalization in Saami and Ainu Mosir)》라는 책의 "Saam Coffee Culture" 장에서 인터뷰한 앤 우라브(Anne Wuolab)은 커피가 그 자체로 사미 요리의 중요한 부분이 되기까지 그리 오래 걸리지 않았지만, 원래는 순록 육수를 보완하기 위해 사용되었다고 말한다.

> 오늘날 피카의 전통은 많은 스웨덴 사람들의 일상 의식의 공통부분이다. 커피를 뜻하는 스웨덴어(kaffe)의 두 음절을 도치한 것으로 알려진 이 단어는 동사이자 명사이다. Fika는 시간을 내어 휴식을 취하거나, 속도를 늦추거나, 리셋한다는 의미이기도 하고, 친구를 만날 때와 그 시간에 먹는 커피 한 잔과 카페브로드 모두를 의미한다.

사미족의 전통적인 커피 준비 방법에 따르면, 우선 가페세아카(gáffeseahkka 순록 가죽 커피 주머니) 안에 있는 커피 콩을 나무 조각으로 때려야 한다. 그런 다음 찌꺼기를 물에 끓인 후 부오사 가페(vuoššat gaffe, 요리된 커피, 일반적으로 스웨덴어와 노르웨이어로 gáffe 또는 kokkaffe라고 함)를 수제 국시(guksi, 자작나무 껍질을 깎아 만든 나무컵)에 담아 제공한다. 봄에 신선한 순록 우유를 구할 수 있을 때면 그 우유를 커피에 첨가했다.

《사미 음식: 현대 사미 요리의 기초가 되는 전통 음식의 예》에서 사미 의회는 순록 대장의 가장 안쪽 부분으로 만든 소시지의 일종인 guhkies-buejtie(남부 사미족 언어)를 포함하는 커피 전통에 대해 자세히 설명한다. 이 소시지 비슷한 것은 말리고 얇게 썬 다음 커피에 첨가했다. Maŋŋebuoidi(북부 사미족 언어)는 순록의 직장을 말하는데, 지방이 너무 많아 때때로 커피의 크림처럼 사용되었다. 이것은 남부 사미어로 båeries-buejtie라고 불리며, 가족의 연장자에게 주어졌기 때문에 연장자의 소시지를 의미한다.

> 스웨덴에서는 카피스트, 핀란드에서는 래이패유스토, 사미족에서는 가페부오스타라고 부르는 커피 치즈는 전통적으로 순록 우유로 만들었지만 현재는 소나 염소 우유로도 만든다.

이 특별한 전통은 거의 사라졌지만 커피에 치즈를 추가하거나 말린 고기, 순록 혀를 곁들여 내는 전통은 계속되었다. 스웨덴에서는 카피스트(kaffeost), 핀란드에서는 래이패유스토(leipäjuusto), 사미족에서는 가페부오스타(gáffe-vuosta)라고 부르는 커피 치즈는 전통적으로 순록 우유로 만들었지만 지금은 소나 염소 우유로도 만든다. 그것은 할루미(halloumi)와 비슷한 밀도를 가지고 있으며 뜨거운 커피에 넣으면 약간 부드러워진다. 일부 사미족 사람들은 바둑판에서 플레이하는 고대 북유럽 사미족 식 네파타블 게임인 타블룻을 하는 동안 커피콩을 장기말로 사용하기도 했다.

그린란드의 이누이트족도 취하게 하는 양조주의 매력에 빠졌다. 19세기에 덴마크 행정관들은 그린란드의 이누이트족이 커피에 너무 중독된 결과 굶주리고 추위에 떨고 있다고 고국에 편지를 보냈다. 커피 배급의 대가로 그들은 물개 가죽을 필요한 옷과 교환하고 음식과 더 많은 모피를 사냥하는 데 필요한 카약을 만들었다. 1896년 미국의 지질학자 조지 프레데릭 라이트(George Frederick Wright)는 장수를 기원하기 위해 주머니에 커피콩을 넣고 다니는 이누이트 전통을 기록했다.

이 지역 사람이 아니어도 스웨덴식 에그 커피에 대해서는 많이들 들어봤을 것이다. 에그 커피는 커피 가루에 달걀을 추가하여 원액을 맑게 만드는 데 도움이 된다. 그러나 알고 보니 이 방법은 특별히 스웨덴식은 아니었다. 조이 K 린틀만(Joy K. Lintelman)은 그녀의 논문 〈뜨거운 유산: 스웨덴계 미국인과 커피(A Hot Heritage: Swedish American and Coffee)〉에서 스웨덴 이민자 여성이 미국에서 가정부로 일할 때 이런 식으로 커피를 준비하는 방법을 배웠을 것이라고 추측한다. 시간이 지남에 따라 음료는 스웨덴계 미국인과 연결되었지만 많은 국가에서 여과되지 않은 커피를 정화하기 위해 달걀이나 달걀껍질을 사용했다. 단백질을 사용한 유사한 정제 방법이 북유럽 국가에서 사용되었지만, 더 자주 사용된 것은 클라스킨(klarskinn, 생선 껍질)을 찌꺼기가 가라앉을 때까지 넣어두었다가 마시기 전에 제거하는 것이다.

스칸디나비아 도시는 같은 거리에 개인 매장과 프랜차이즈 매장이 공존하는 활기찬 카페 문화를 자랑한다. 모닥불 위에서 냄비를 끓이는 것도 오래된 하이킹 전통이다(247페이지).

Vuostagáffe 부오스타가페

치즈 커피

스웨덴 북부, 핀란드, 노르웨이의 원주민 사미족은 전통적으로 순록 우유 치즈 조각(gáffevuosta, 가페부오스타), 말린 순록 고기 또는 순록 지방을 커피에 첨가했다. 최근에도 부오스타카페(스웨덴어로 카페오스트(kaffeost)라고 하는 치즈 커피)는 블랙 커피 한 잔에 순록 우유 치즈를 추가하는 것이 일반적이지만 요즘에는 치즈 대신 우유나 산양유로 자주 대체된다.

액체 염화칼슘 ⅛티스푼
(살균하지 않은 우유를 사용하는 경우 생략)

전지 우유 1.9리터(2쿼트)
(가능하면 살균하지 않은 것)

소금 ½티스푼

액체 레닛 ¼ 티스푼 또는 레닛 정제 ¼

비염소 냉수 ¼컵

1회 제공량당 블랙 커피 1잔

다음의 것도 필요:
온도계, 사각형의 큰 무명천

저온 살균 우유를 사용하는 경우 우유에 염화칼슘을 넣고 1시간 동안 따로 둔다. 비염소 냉수 ¼컵에 레닛을 섞는다.

우유(또는 우유와 염화칼슘)를 냄비에 넣고 약한 불에서 저은 다음 37℃(99℉)로 가열한다. 온도계로 정확히 잰다. 불을 끈다.

따뜻한 우유를 저으면서 열을 식힌다. 저으면서 소금과 레닛을 넣고 위, 아래, 가로 방향으로 2분 동안 계속 젓는다.

우유가 응고되도록 팬을 불에서 30~40분 동안 그대로 둔다. 이 동안은 젓지 않는다.

시간이 다 되면 칼을 바로 아래로 조심스럽게 넣고 살짝 돌린다(약 40°). 응유가 깨끗하게 부서지고 생성된 공간을 유청으로 채운다. 치즈가 아직 응고되지 않은 경우 조금 더 기다린 다음 다른 부분에서 다시 시도해본다. 우유가 성공적으로 응고되면 칼을 사용하여 위아래로 슬릿을 잘라 커다랗고 네모난 커드를 만든다.

팬을 다시 아주 약한 불에 올리고 혼합물이 다시 37℃(99℉, 온도계로 정확히 확인)가 될 때까지 부드럽게 젓는다. 온도가 되면 불을 끈다.

커드를 큰 체나 거름망을 받친 젖은 사각형의 큰 무명천에 국자로 부드럽게 담고 유청이 스며 나오도록 한다. 최소 30분 동안 그대로 둔다. 무명천의 측면을 치즈 위로 접고 커드를 함께 누른다. 치즈 위에 접힌 무명천을 그대로 둔다.

치즈 바로 위에 무거운 물체를 놓으면 더 많은 유청을 얻을 수 있다. 추를 얹은 작은 도마, 물을 채운 작은 냄비 또는 더치 오븐을 사용할 수 있다. 스트레이너 안에 들어갈 수 있는 크기에 안정적으로 치즈를 누를 수 있다면 뭐든 상관없다.

15분 후, 한쪽을 들어올렸을 때 응유가 상당히 단단한 덩어리로 유지될 만큼 서로 달라붙어야 한다. 그렇지 않은 경우 더 오래 누른다.

오븐을 230℃(450℉)로 가열한다. 커드를 치즈보다 크지 않은 기름칠 베이킹 접시에 옮기고, 표면에 갈색 반점이 나타날 때까지 오븐에서 굽는다. 최소 30~40분이 소요된다. 제거하고 식힌다.

치즈가 식으면 덩어리로 자를 수 있을 정도여야 한다. 진한 블랙 커피 한 잔에 몇 개씩 추가한다. 약간 부풀어 오르고 부드러워질 것이다.

Notes:
전통적으로 치즈는 오랜 시간 압착된 후 건조되어 뜨거운 커피에 녹지 않을 정도로 단단하다. 건조 과정을 가속화하기 위해서는 베이킹 방법을 사용한다. 우유에 크림을 섞어서(전체 액체의 양은 동일하게 유지) 더 풍미 있는 치즈를 만들 수도 있다. 레닛과 염화칼슘은 일반적으로 치즈 제조 재료로 사용되며 온라인에서 쉽게 구할 수 있다. 둘 다 액체 형태가 사용하기 가장 쉽지만 염화칼슘은 결정, 또는 레닛을 페이스트, 분말 또는 정제로 얻을 수도 있다. 이들 중 어떤 것도 대체제로 충분하다. 우유에 넣기 전에 레닛 정제를 갈아서 찬물 ¼컵에 녹이기만 하면 된다.

Kalaallit Kaffiat 칼라알리트 커피아트

그린란드 커피

이 따뜻한 알코올과 커피의 블렌딩은 추운 북극의 겨울에 맞서는 완벽한 해독제이며, 그린란드의 모든 지역을 대표한다. 거친 위스키, 부드럽고 섬세한 커피 리큐어, 북극광을 상징하는 눈 덮인 휘핑 크림에 불을 붙이고 반짝이는 물줄기를 부은 오렌지 브랜디 리큐어다.

위스키 1 ½ 테이블스푼

커피 리큐어 1 ½ 테이블스푼
(예: 깔루아)

뜨거운 블랙 커피 1컵

휘핑크림 3테이블스푼

오렌지 브랜디 리큐어 1티스푼
(그랜드 마르니에 등)

위스키와 커피 리큐어를 서빙 컵에 붓고, 그 위에 커피를 붓는다. 젓는다.

휘핑 크림을 얹은 다음 오렌지 브랜디 리큐어를 방염 스푼에 계량한다. 조심스럽게 불을 붙인 다음(불꽃이 보이지 않을 수 있음) 5초 동안 태우고 휘핑 크림 위에 조심스럽게 붓는다.

Notes:
카페믹(kaffemik, 문자 그대로 커피를 통해)에서 칼라알리트 카기아트(kalaallit kaagiat, 건포도를 곁들인 그린란드식 차 케이크)와 함께 제공되는 경우가 많다. 즉 길게 이어지는 하우스 파티에서 친구들과 가족들이 자유롭게 먹을 수 있다. 양을 늘리거나 알코올과 커피의 비율도 변경할 수 있다.

단일 품종(Single-origin)

한 농장이든 농장 그룹이든 지리적으로 단일 장소에서 공급되는 커피 원두.

로부스타(Robusta)

로부스타 커피는 카네포라 커피의 변종이지만, 이 단일 품종의 상업적 중요성으로 인해 로부스타가 이 종의 대표적인 이름으로 널리 사용되었다. 카페인 함량이 높고 아라비카보다 재배하기 쉽다.

로스터리(Roastery)

주로 커피 원두가 로스팅되는 장소를 설명하기 위해 커피 산업 어휘집에 도입된 비교적 새로운 용어이다. 커피 로스터라는 용어가 커피를 로스팅하는 사람, 커피 로스팅에 중점을 둔 회사 또는 실제 머신 자체 등 다양한 것을 지칭할 수 있기 때문에 혼란을 줄이기 위해 생겼을 수 있다.

로스트, 라이트/미디엄/다크(Roast, light/medium/dark)

커피 원두의 로스팅 정도를 설명하는 데 사용되는 용어이다. 열이 가해질 때 발생하는 화학 반응으로 인해 콩이 녹색에서 갈색으로 변하고, 오래 로스팅할수록 색상이 어두워진다. 색상은 커피를 마시는 사람이 자신의 취향에 맞는 원두를 선택하는 데 도움이 될 수 있다.

리베리카(Liberica)

주로 동남아시아에서 상업적으로 다뤄지는 커피 유형인 리베리가 커피의 일반 이름이다. 상업 품종 중 가장 낮은 카페인 함량을 가지고 있다.

생두(Green coffee)

건조되어 로스터로 수출할 준비가 된 커피 원두. 로스팅 전에 커피 원두는 옅은 초록색인 경우가 많다.

스페셜티 커피(Specialty coffee)

독특한 특징으로 여겨지는 관능 척도에서 80점 이상(커핑 참고)을 받은 아주 고품질의 커피. 시장 밖에서는 아주 소량으로 거래되기 때문에, 좋은 품질을 가진 커피의 가능성을 높인다.

스페셜티(Specialty/speciality)

이 문맥에서 미국식 영어와 영국식 영어는 각각 상호 교환 가능하다.

스페셜티 커피 협회(SCA)

미국과 영국에 본사를 둔 비영리 단체인 스페셜티 커피 협회(Specialty Coffee Association)는 농부, 바리스타, 로스터를 하나로 모았다. 이 조직은 이벤트를 개최하고 표준을 높이며 모든 공급망 단계에 리소스를 제공함으로써 업계를 통합하는 역할을 한다.

아라비카(Arabica)

아라비카 커피의 일반적인 이름으로 많은 변종과 품종이 있다. 아라비카는 커피 생산 시장에서 지배적인 커피 종이며 종종 품질의 전형으로 간주된다. 전 세계 커피 생산량의 70% 이상을 차지하며 스페셜티 커피로 판매되는 커피의 대부분을 차지한다.

직거래(Direct trade)

전통적인 무역 네트워크를 통하지 않고 농부들로부터 직접 커피 원두를 구매하는 과정에 사용되는 용어로 논쟁의 여지가 있고 자주 오용된다. 규제되지 않은 이 용어가 자주 잘못 사용되기 때문에 많은 로스터들은 이를 대체하기 위해 윤리적, 도덕적, 지속 가능, 사회적, 환경 및 공정 가격 철학을 포함하는 그들 자신의 자체 직거래 모델을 만들기로 선택한다.

카스카라/키쉬르(Cascara/qishr)

피부 또는 껍질을 의미하며 차 또는 소다를 만들기 위해 양조할 수 있는 커피체리의 건조된 껍질을 말한다.

커머디티 커피(Commodity coffee)

면화, 목재, 구리 및 기타 여러 제품과 같은 방식으로 상품 시장에서 거래된다. 이 기준에 맞는 커피가 대량으로 거래되기 위해서는 다양한 농장에서 생산된 제품이 필요하다. 그래서 커머디티 커피는 고유한 특성보다는 최소한의 기준을 충족할 수 있는 지로 판단되는 경향이 있다.

커피 녹병(Coffe rust)

커피나무를 감염시키는 곰팡이(Hemileia vastatrix)에 의해 발생하는 질병. 이 질병은 100년 이상 커피 공급을 위협했고, 전 세계 농부들을 괴롭혔다.

커핑(Cupping)

커피 원두를 평가하는 전문적인 방법. 테이스터는 추출된 커피의 다양한 품질(예: 바디, 향/아로마, 균형, 단맛, 산도 및 후미)을 10점 만점으로 평가하여 관능 척도에서 100점 만점의 총점을 합산한다.

크레마(Crema)

에스프레소 위에 있는 가벼운 거품 층. 크레마는 압력 추출과 결합된 여러 요인의 결과이다. 특정 유형의 커피에 압력을 가한 상태에서 추출할 따 뜨거운 물이 커피 찌꺼기를 통과하면서(예: 에스프레소 머신에서) 이산화탄소가 방출되고 물과 결합하여 거품을 생성한다.

토레팩토(Torrefacto)

동남아시아, 스페인 및 라틴 아메리카에서 흔히 볼 수 있는 설탕을 입힌 커피콩을 말한다. 콩은 때때로 마가린이나 버터로 코팅된다. 코피(kopi) 로스팅 또는 카페 토라도(café torrado)라고도 한다.

피베리(Peaberry)

커피체리에서 두 개가 아닌 하나의 종자만 발달할 때 탄생한다. 일부 사람들은 피베리가 탄자니아에서 재배되는 변종이나 돌연변이이거나 탄자니아가 다른 지역보다 더 많은 피베리 커피를 생산한다고 잘못 믿고 있다. 피베리는 어느 곳에서나 재배할 수 있으며 총 수확량의 5~10%에 불과하다.

향미 프로필(Flavor profile)

커피 고유의 특성과 진행 결정을 고려하여 커피의 전반적인 맛을 설명한다. 커피 종류와 다양성은 향미의 한 요소를 결정한다. 다른 것들은 발효와 건조를 통해 발생한다. 로스팅 과정과 원두를 양조하는 방식도 영향을 미친다. 향미 프로필은 과일, 단맛, 깨끗함, 산성, 토스트, 캐러멜 또는 견과류와 같은 용어를 사용하여 설명할 수 있다.

참고문헌 및 읽을거리

들어가며

Fairtrade Foundation, 〈About Coffee〉, www.fairtrade.org.uk/farmers-and-workers/coffee/about-coffee (열람일자: 2021.05.26).

Saint-Pierre, Bernardin de, 〈A Voyage to the Isle of Mauritius, (or, Isle of France), the Isle of Bourbon, and the Cape of Good Hope: With Observations and Reflections Upon Nature and Mankind by a French Officer〉, Griffin, 1775.

Tanzania Coffee Association, 〈Tanzania Coffee Industry, Development Strategy 2011/2021〉, Tanzania Coffee Board (2012, July 24), www.coffeeboard.or.tz/News_publications/ startegy_english.pdf (열람일자: 2021.05.26).

기초

Cole, Nicki Lisa, and Keith Brown, 〈The Problem with Fair Trade Coffee〉, Contexts, vol. 13, no. 1, Feb, 2014, pp. 50-55DO I: 10.1177/1536504214522009. (열람일자: 202 1.06.11).

Fairtrade Foundation, 〈About Coffee〉, www.fairtrade.org.uk/farmers-and-workers/coffee/about-coffee (열람일자: 2021.06.10).

Haight, Colleen, 〈The Problem With Fair Trade Coffee〉, Stanford Social Innovation Review, Stanford University, 2011, ssir.org/articles/entry/the_problem_with_fair_trade_coffee (열람일자: 2021.06.11).

Kingston, Lani: How to Make Coffee: The Science Behind the Bean, Abrams, 2015.

세상을 변화시킨 씨앗

Ukers, William Harrison, 〈All About Coffee〉, Tea and Coffee Trade Journal Company, New York, 1922, p. 125.

이탈리아

〈A Gourmet Expoforum Fipe Racconta Il Bar Italiano〉, Federazione Italiana Pubblici Exercizi, 11 June 2018, www.fipe.it/comunicazione/note-per-la-stampa/item/5768-a-gourmet-expoforum-fiperacconta-il-bar-italiano.html (열람일자: 2021.06.14).

Bersten, Ian, 〈Coffee Floats Tea Sinks: Through History and Technology to a Complete Understanding〉, Helian Books, 1993.

Caprino, Edoardo, and Vecchio, Mauro, 〈COFFEE MONITOR: 260 Euro La Spesa Media Annua Degli Italiani Per Il Caffè〉, Nomisma—Datalytics, 2018, nomisma.it/wp-content/uploads/2019/11/COFFEE_MONITOR_NOMISMA.pdf (열람일자: 2021.06.14).

Crocco, Eloisa, 〈Neapolitan Express: Il Caffè〉, Rogiosi, 2016.

Halevy, Alon, 〈The Infinite Emotions of Coffee〉, Macchiatone Communications, 2011, p. 62.

Hinds, Kathryn, 〈Venice and Its Merchant Empire〉, Benchmark Books, 2002.

Johnson-Laird, Philip Nicholas, 〈How We Reason〉, Oxford University Press, 2006, p. 174.

Lima, Darcy R., and Santos, Roseane M., 〈An Unashamed Defense of Coffee〉, Xlibris Corporation LLC, 2009.

Marocchino Coffee, 〈History and Recipe—Espresso Laboratory〉, Laboratorio Dell'espresso, 17 July 2018, laboratorioespresso.it/en/marocchinocoffee-recipe (열람일자: 2021.06.13).

Parasecoli, Fabio: Food Culture in Italy, Greenwood Press, 2004, p. 128.

Stull, Eric 외, 〈The History of Coffee in Guatemala〉, Independent Publishing Group, 2001.

Ukers, William Harrison, 〈All About Coffee〉, Tea and Coffee Trade Journal Company, 1922.

에티오피아

Barker, William C. 외, 〈First Footsteps in East Africa, Or, An Exploration of Harar〉, Tylston and Edwards, 1894, p. 34.

Bruce, James, 〈Travels to Discover the Source of the Nile, in the Years 1768, 1769, 1770, 1771, 1772, and 1773〉, Vol II, G, G, J, and J, Robinson, 1790.

Duressa, Endalkachew Lelisa, 〈The Socio-Cultural Aspects of Coffee Production in Southwestern Ethiopia: An Overview〉, Journal of Culture, Society and Development, vol. 38, 2018, p. 15.

Éloi Ficquet, 〈Coffee in Ethiopia: History, Culture and Challenges〉, Siegbert Uhlig, David Appleyard, Alessandro Bausi, Wolfgang Hahn, Steven Kaplan 편집, Michigan State Press, 2018, pp. 155-160.

Farley, David, 〈Discovering the Birthplace of Coffee in Ethiopia〉, Afar, May 2013, www.afar.com/magazine/coffeeland (열람일자: 2021.04.27).

Haile-Mariam, Teketel, 〈The Production, Marketing, and Economic Impact of Coffee in Ethiopia〉, Stanford University, 1973, 〈in Coffee: A Comprehensive Guide to the Bean, the Beverage, and the Industry에서 인용, Robert W. Thurston, Jonathan Morris, Shawn Steiman, Rowman & Littlefield 편집, 2013, p. 153.

Harris, William Cornwallis, Sir, 〈The Highlands of Æthiopia, Longman, Brown, Green, and Longmans〉, 1844.

Mace, Pascal Mawuli, 〈A la découverte de l'Ethiopie, Addis Abeba, Rencontre avec la famille impériale〉, 2020, p. 18.

Montagnon, C., Mahyoub, A., Solano, W., & Sheibani, F., 〈Unveiling a Unique Genetic Diversity of Cultivated Coffea Arabica L, in its Main Domestication Center: Yemen〉, Genetic Resources and Crop Evolution, 2021, link, springer.com/article/10.1007/s10722-021-01139-y (열람일자: 2021.04.27).

Wane, Njoki Nathani, 〈Gender, Democracy and Institutional Development in Africa〉, Palgrave Macmillan, 2019, p. 175.

탄자니아

Ashkenazi, Michael, and Jacob, Jeanne, 〈The World Cookbook: The Greatest Recipes from Around the Globe〉, ABC-CLIO, 2014, p. 144.

Charles, Goodluck, and Anderson, Wineaster, 〈International Marketing: Theory and Practice from Developing Countries〉, Cambridge Scholars Publishing, 2016, p. 6.

Davis, Aaron & Govaerts, Rafaël & fls, DIANE & Stoffelen, Piet., 〈An annotated taxonomic conspectus of genus Coffea (Rubiaceae)〉, Botanical Journal of the Linnean Society, 152, 2006, pp. 465-512, DOI: 10.1111/j.1095-8339.2006.00584.x. (열람일자: 2021.05.05).

Haustein, Jörg: Strategic Tangles, 〈Slavery, Colonial Policy, and Religion in German East Africa, 1885-1918〉, Atlantic Studies, 14:4, 2017, pp. 497-518, DOI: 10.1080/14788810.2017.1300753 (열람일자: 2021.05.10).

Kieran, J. A., 〈The Origins of Commercial Arabica Coffee Production in East Africa〉, African Historical Studies, vol. 2, no. 1, Boston University African Studies Center, 1969, pp. 51-67, DOI: 10.2307/216326 (열람일자: 2021.05.21).

Kourampas N., Shipton C. 외, 〈Late Quaternary Speleogenesis and Landscape Evolution in a Tropical Carbonate Island: Pango la Kuumbi (Kuumbi Cave), Zanzibar〉, International Journal of Speleology, 44 (3), 2015, pp. 293-314, DOI: 10.5038/1827-806X.44.3.7 (열람일자: 2021.05.09).

Maganda, Dainess Mashiku, 〈Swahili People and Their Language〉, Adonis & Abbey, 2014, p. 74.

Munger, Edwin S., 〈African Coffee on Kilimanjaro: A Chagga Kihamba, Economic Geography〉, vol. 28, no. 2, 1952, pp. 181-185, JSTOR, www.jstor.org/stable/141027 (열람일자: 2021.05.27).

Sheriff, Abdul, 〈Slaves, Spices, and Ivory in Zanzibar: Integration of an East African Commercial Empire into the World Economy, 1770-1873〉, Eastern African Studies, Ohio University Press, 1987.

〈Smallholder Farming and Smallholder Development in Tanzania: Ten Case Studies〉, Weltforum Verlag, 1968, p. 177.

Soini, E., 〈Changing Livelihoods on the Slopes of Mt. Kilimanjaro, Tanzania: Challenges and Opportunities in the Chagga Homegarden System〉, Agroforest Syst 64, 2005, pp. 157-167, DOI: 10.1007/s10457-004-1023-y (열람일자: 2021.05.27).

Thomas, A. S., 〈Types of Robusta Coffee and their Selection in Uganda〉, The East African Agricultural Journal, 1:3, 1935, pp. 193-197, DOI: 10.1080/03670074.1935.11663646 (열람일자: 2021.05.21).

Tripp, Aili Mari, 〈Changing the Rules: The Politics of Liberalization and the Urban Informal Economy in Tanzania〉, University of California Press, 1997, p.33.

Weiss, Brad, 〈Sacred Trees, Bitter Harvests: Globalizing Coffee in Northwest Tanzania〉, University of Michigan, 2003, p. 18.

Wood, M., Panighello, S., Orsega, E. F. 외, 〈Zanzibar and Indian Ocean trade in the first Millennium CE: the Glass Bead Evidence〉, Archaeol Anthropol Sci 9, 2017, pp. 879-901, DOI: 10.1007/s12520-015-0310-z (열람일자: 2021.05.10).

예멘

Ficquet, Éloi, 〈Many Worlds in a Cup: Identity Transactions in the Legend of Coffee Origins〉, L'Africa Nel Mondo, Il Mondo in Africa / Africa in the World, the World in Africa. Ed. A. Gori & F. Viti, Milano: Accademia Ambrosiana, 2021.

Giovannucci, Daniele, 〈Moving Yemen Coffee Forward: Assessment of the Coffee Industry in Yemen to Sustainably Improve Incomes and Expand Trade〉, USAID, pdf.usaid.gov/pdf_docs/Pnadf516.pdf (열람일자: 24 April 2021).

Hattox, Ralph S., 〈Coffee and Coffeehouses: The Origins of a Social Beverage in the Medieval Near East〉, University of Washington Press, 1985.

〈Introduction to the Archaeology of RAK〉, Department of Heritage Antiquities & Museum, Ras Al Khaimah, www.rakheritage.rak.ae/en/pages/intro.aspx (열람일자: 2021.04.23).

Montagnon, C., Mahyoub, A., Solano, W., and Sheibani, F., 〈Unveiling a Unique Genetic Diversity of Cultivated Coffea Arabica L, in its Main Domestication Center: Yemen〉, Genetic Resources and Crop Evolution, 2021, link.springer.com/article/10.1007/s10722-021-01139-y (열람일자: 2021.04.22).

Robinette, G. W., 〈The War on Coffee〉, Graffiti Militante Press, 2018, p. 147.

Walker, Bethany J., Insoll, Timothy, and Fenwick, Corisande, 〈The Oxford Handbook of Islamic Archaeology〉, Oxford University Press, 2020, p. 204.

Kafadarpp, Cemal, 〈How Dark is the History of the Night, How Black the Story of Coffee, How Bitter the Tale of Love: The Changing Measure of Leisure and Pleasure in Early Modern Istanbul〉, 〈Medieval and Early Modern Performance in the Eastern Mediterranean〉에서 인용, Brepols Publishers, 2014, pp. 243-269.

Ukers, William Harrison, 〈All About Coffee〉, Tea and Coffee Trade Journal Company, 1922, p. 26.

Wild, Antony, 〈Coffee: A Dark History〉, W W Norton & Co Inc, 2005, p. 76.

Yaccob, Abdol Rauh, 〈Yemeni opposition to Ottoman rule: an overview〉, Proceedings of the Seminar for Arabian Studies Vol. 42, Papers from the forty-fifth meeting of the Seminar for Arabian Studies held at the British Museum, London, 28 to 30 July 2011, 2012, pp. 411-419.

아라비아 반도

Abu Dhabi Culture, Department of Culture and Tourism, 〈Gahwa〉, 18 Dec, 2018, abudhabiculture.ae/en/unesco/intangible-cultural-heritage/gahwa (열람일자: 2021.06.01).

Arendonk, C, Van, and Chaudhuri, K. N.: ahwa. In, 〈Encyclopaedia of Islam〉, p. Bearman, Th. Bianquis, C. E. Bosworth, E. van Donzel, W. P. Heinrichs 편집, DOI: 10.1163/1573-3912_islam_COM_0418 (열람일자: 2021.05.31).

Campo, Juan Eduardo, 〈Encyclopedia of Islam〉, Facts On File, 2009, p. 155.

Ellis, Markman, 〈The Coffee-House: A Cultural History〉, Orion, 2011.

Hattox, Ralph S., 〈Coffee and Coffeehouses: The Origins of a Social Beverage in the Medieval Near East〉, University of Washington Press, 1985.

Keatinge, Margaret Clark & Khayat, Marie Karam, 〈Food from the Arab World, Khayats〉, 1965, p. 141.

Kiple, Kenneth F. & Coneè Ornelas, Kriemhild (Eds.), 〈The Cambridge World History of Food〉, Cambridge University Press, 2000, p. 1143.

Sowayan, Saad Abdullah, 〈Nabati Poetry: The Oral Poetry of Arabia〉, University of California Press, 1985.

258

Weinberg, Bennett Alan, 그리고 Bealer, Bonnie K., 《The World of Caffeine: The Science and Culture of the World's Most Popular Drug》, Routledge, 2001, p. 12.

튀르키예

Collaço, Gwendolyn, 〈The Ottoman Coffeehouse: All the Charms and Dangers of Commonality in the 16th-17th Centuries〉, Lights: The MESSA Journal, A University of Chicago Graduate Publication 1, No. 1 (Fall 2011), pp. 61-71.

Gokce, Yesim, 〈Your Future in a Cup of Coffee〉, Turkish Cultural Foundation www.turkishculture. org/lifestyles/turkish-culture-portal/coffee-fort-unetelling-205.htm (열람일자: 2021.05.12).

Howard, Douglas A., 《A History of the Ottoman Empire》, Cambridge University Press, 2017.

Kafadar, C., 〈How Dark is the History of the Night, How Black the Story of Coffee, How Bitter the Tale of Love: The Changing Measure of Leisure and Pleasure in Early Modern Istanbul〉, In: Medieval and Early Modern Performance in the Eastern Mediterranean, A. Öztürkmen & E. B. Vitz, Turnhout 편집, Brepols, 2014, pp. 243-269, DOI:10.1484/M. LMEMS-EB.6.09070802050003050406090109 (열람일자: 2021.05.12).

Karababa, EmInegül & Ger, Güllz, 〈Early Modern Ottoman Coffeehouse Culture and the Formation of the Consumer Subject〉, Journal of Consumer Research, vol. 37, no. 5, 2011, pp. 737-760, JSTOR, www.jstor.org/stable/10.1086/656422 (열람일자: 2021.05.25)

Kritzeck, James, 《Anthology of Islamic Literature, From the Rise of Islam to Modern Times》, Holt, Rinehart, and Winston, 1964, pp. 326-334.

Lafferty, Samantha, 《Istanbul & Surroundings Travel Adventures》, Hunter Publishing, Incorporated, 2011.

Malecka, A., 〈How Turks and Persians Drank Coffee: A Little-known Document of Social History〉, Turkish Historical Review, 6 (2), 2015, pp. 175-193, DOI: 10.1163/18775462-00602006 (열람일자: 2021.05.12).

Osmano lu, Ayşe & Unüvar, Safiye, 《The Hazenidar Ustas and Hazenidar Kalfas》, 《The Concubine, the Princess and the Teacher: Voices from the Ottoman Harem》에서 인용, by Douglas Scott Brookes, University of Texas Press, 2010, p. 236.

Peçevi, Ibrahim: Tarih-I, In, 《Istanbul and the Civilization of the Ottoman Empire》, by Bernard Lewis, University of Oklahoma Press, 1963, 133.

Shaw, Ezel Kural & Shaw, Stanford J., 《History of the Ottoman Empire and Modern Turkey: Volume 1, Empire of the Gazis: The Rise and Decline of the Ottoman Empire 1280-1808》, Cambridge University Press, 1976.

Yaccob, Abdol Rauh, 〈Yemeni Opposition to Ottoman Rule: an Overview〉, Proceedings of the Seminar for Arabian Studies, vol. 42, 2012, pp. 411-419, JSTOR, www.jstor.org/stable/41623653 (열람일자: 2021.05.11).

인도

Aggarwal, Ramesh Kumar 외, 《Coffee Industry in India: Production to Consumption--A Sustainable Enterprise》, 《Coffee in Health and Disease Prevention》, Victor Preedy 편집, Academic Press, 2014, pp. 61-70.

Bhattacharya, Bhaswati, 《Local History of a Global Commodity: Production of Coffee in Mysore and Coorg in the Nineteenth Century》, Indian Historical Review, 41(1), 2014, pp. 67-86.

Bhattacharya, Bhaswati, 《Much Ado Over Coffee: Indian Coffee House Then And Now》, Routledge, 2017.

Blake, Stephen P., 〈Shahjahanabad: The Sovereign City in Mughal India〉, 1639-1739, Cambridge University Press, 1991.

〈Coffee Industry and Exports〉, IBEF, www.ibef. org/exports/coffee-industry-inindia.aspx (열람일자: 2021.05.21)

Crooke, William, 《Things Indian: Being Discursive Notes on Various Subjects Connected with India》, J. Murray, 1906, p. 108.

Edward A. Alpers, Chhaya Goswami, 《Transregional Trade and Traders: Situating Gujarat in the Indian Ocean from Early Times to 1900》, Oxford University Press, 2019.

Gotthold, Julia J., and Gotthold, Donald W. 《Indian Ocean》, Clio Press, 1988, p. xvii.

《Indian Coffee》 Board, Government of India, www.indiacoffee.org/aboutus.aspx (열람일자: 2021.04.07).

Jain, V. K., 〈The Role of the Arab Traders in Western India During the Early Medieval Period〉, Indian History Congress 보고서, vol. 39, 1978, pp. 285-295.

Krishan, Shubhra, 〈When Indian Coffee House was the Country's Living Room〉, Condé Nast Traveller, 22 September 2016, www.cntraveller.in/story/when-indiancoffee-house-was-the-countrys-living-room (열람일자: 2021.04.07).

Maloni, Ruby Maloni, 〈Straddling the Arabian Sea: Gujarati Trade with West Asia 17th and 18th Centuries〉, Proceedings of the Indian History Congress, vol. 64, 2003, pp. 622-636.

Naidu, Sasubilli Paradesi, 〈Coffee Industry in India--A Historical Perspective〉, IOSR Journal Of Humanities And Social Science (IOSR-JHSS), vol. 23, issue 8, ver. 4, August 2018, www.iosrjournals.org/iosr-jhss/papers/Vol.%2023%20Issue8/Version-4/D2308042933.pdf (열람일자: 2021.05.21).

Preedy, Victor, 《Coffee in Health and Disease Prevention, Elsevier Science》, 2014, p. 62.

Saravanan, Velayutham, and Islamia, Jamia Millia, 〈Colonialism and Coffee Plantations: Decline of Environment and Tribals in Madras Presidency During the Nineteenth Century〉, Indian Economic & Social History Review 41(4), December 2004.

Seland, E., 〈Networks and Social Cohesion in Ancient Indian Ocean Trade: Geography, Ethnicity, Religion〉, Journal of Global History, 8(3), 2013, pp. 373-390, DOI:10.1017/S1740022813000338 (열람일자: 2021.05.20).

Spuler, Bertold, 《The Muslim World: The Last Great Muslim Empires》, Brill, 1969, p. 61.

Thakur, Sankarshan, 《The Brothers Bihari》, Harper Collins, 2015.

《Cardamom Market》, Mordor Intelligence, www.mordorintelligence.com/industry-reports/cardamom-market (열람일자: 2021.04.07).

인도네시아

Cramer, P. J. S., 〈A Review of Literature of Coffee Research in Indonesia, Inter-American Institute of Agricultural Science〉, 1957, pp. 45, 177.

Dell, Melissa, and Olken, Benjamin A., 〈The Development Effects Of The Extractive Colonial Economy: The Dutch Cultivation System In Java〉,

Harvard University and MIT, October 2013, p. 13.

Farah, Adriana (ed.), 〈Production, Quality and Chemistry, Royal Society of Chemistry〉, 2019, p. 79.

Gordon, Alec, 〈Indonesia, Plantations and the "Post-Colonial" Mode of Production, Journal of Contemporary Asia〉, 12:2, 1982, pp. 168-187, DOI: 10.1080/00472338285390141 (열람일자: 2021.05.21)

Hidayah, Zulyani, 《A Guide to Tribes in Indonesia: Anthropological Insights from the Archipelago》, Springer Singapore, 2020, p. 219.

Haswidi, Andi, and BEKRAF, 《Kopi: Indonesian Coffee Craft & Culture》, Afterhours Books, 2017.

〈History of Coffee〉, National Coffee Association of U.S.A., org/ncausa.org/about-coffee/history-of-coffee (열람일자: 09 May 2021)

Kusama, Ellen, 〈Ngelelet: Ketika Eksistensi Rokok Tidak Menyebalkan〉, 16 December 2016, kesengsemlasem.com/ngelelet-momen-ketika-eksistensi-rokok-tidak-menyebalkan (열람일자: 2021.05.21).

Lucas, John A., 〈Fungi, Food Crops, and Biosecurity: Advances and Challenges〉, Advances in Food Security and Sustainability, 2017.

Multatuli, 《Max Havelaar, or, the Coffee Auctions of the Dutch Trading Company》, New York Review Books, 2019.

Nafis, Anas 외, 《Peribahasa Minangkabau》, Intermasa, 1996, p. 223.

Ricklefs, M. C., 〈A History of Modern Indonesia since c. 1200〉, Macmillan, 2001, p. 156.

Soerodjo, Irawan, 〈The Advancement of Land Law in Indonesia, Journal of Law, Policy and Globalization〉, vol. 37, 2015, pp. 198-203.

Van Nederveen Meerkerk, Elise, 《Women, Work and Colonialism in the Netherlands and Java: Comparisons, Contrasts, and Connections, 1830-1940》, Springer International Publishing, 2019, p. 93.

Vega, Fernando E., 〈The Rise of Coffee, American Scientist〉, vol. 96, no. 2, March /April 2008, p. 138.

Wisudawan, Adhitya Pramudia, 〈The Production and the Consumption of 'Nyethe' in Tulungagung, Allusion〉, vol. 02, no. 02, August 2013, journal. unair.ac.id/download-fullpapers-allusionfc701fe-8adfull.pdf (열람일자: 202.05.21).

스페인

Burdett, Avani, 〈Delicatessen Cookbook--Burdett's Delicatessen Recipes: How to make and sell Continental & World Cuisine foods〉, Springwood emedia, 2012.

Campbell, Jodi, 〈At the First Table: Food and Social Identity in Early Modern Spain〉, University of Nebraska Press, 2017.

〈Foreign Crops and Markets〉, The Bureau, 1947, p. 208.

Fowler-Salamini, Heather, 〈Working Women, Entrepreneurs, and the Mexican Revolution: The Coffee Culture of Córdoba Veracruz〉, University of Nebraska Press, 2013.

Hempstead, William H. 외, 《The History of Coffee in Guatemala》, Independent Publishing Group, 2001.

Imamuddin, S. M., 〈Muslim Spain 711-1492 A. D.: A Sociological Study〉, Brill, 1981.

Kurlansky, Mark, 《Milk! A 10,000-Year Food Fracas》, Bloomsbury Publishing, 2018.

Preedy, Victor, 《Coffee in Health and Disease Prevention》, Elsevier Science, 2014, p. 90.

Terry, Laurence M., 〈Coffee Culture in Mexico〉, Comp. Frederick Marriott, The Overland Monthly 37, 1901, pp. 703-09.

Ukers, William Harrison, 《All About Coffee》, Tea and Coffee Trade Journal Company, 1922, pp. 241, 686.

Vega, César 외, 《The Kitchen as Laboratory: Reflections on the Science of Food and Cooking》, Columbia University Press, 2013, p. 94.

Willson, Anthony, 《Equatorial Guinea Political History, and Governance, the Hidden History》, Lulu.com, 2017.

카리브해

Adler, Leonore Loeb & Uwe p. Gielen, 《Migration: Immigration and Emigration in International Perspective》, Praeger, 2003, p. 124.

Bryan, Patrick E., 《The Haitian Revolution and Its Effects》, Taylor & Francis Group, 1984, p. 33

Corbett, Ben, 《This Is Cuba: An Outlaw Culture Survives》, Basic Books, 2007.

《Daily Consular and Trade Reports》 No. 3174 U. S. Government Printing Office, 12 May 1908, p. 5.

Daly, Jack & Hamrick, Danny & Fernandez-Stark, Karina & Bamber, Penny, 《Jamaica in the Arabica Coffee Global Value Chain》, 2018, DOI: 10.13140/RG.2.2.35977.95849 (열람일자: 2021.06.10).

DeMers, John, 《Food of Jamaica: Authentic Recipes from the Jewel of the Caribbean》, Tuttle Publishing, 1998, p. 23.

Dicum, Gregory & Luttinger, Nina, 《The Coffee Book: Anatomy of an Industry from Crop to the Last Drop》, New Press, 2012.

Fatah-Black, Karwan, 《White Lies and Black Markets: Evading Metropolitan Authority in Colonial Suriname, 1650-1800》, Brill, 2015, p. 69.

Figueredo, D. H. & Argote-Freyre, Frank, 《A Brief History of the Caribbean》, Facts On File, Incorporated, 2008, p. xvi.

Head, David(ed.), 《Encyclopedia of the Atlantic World, 1400-1900: Europe, Africa, and the Americas in An Age of Exploration, Trade and Empires》 (2권), ABC-CLIO, 2017, p. 571.

《History of Coffee》, National Coffee Association of U.S.A., www.ncausa.org/about-coffee/history-of-coffee (열람일자: 2021.05.09)

Kirk, John M., and Halebsky, Sandor, 《Cuba-twenty-five Years of Revolution》, 1959-1984, Praeger, 1985, p. 70.

Klein, Herbert S., 《African Slavery in Latin America and the Caribbean》, Oxford University Press, 25 Sep 1986.

Lawson, George & Go, Julian (eds.), 《Global Historical Sociology》, Cambridge University Press, 2017, p. 77.

Morris, Jonathan, 《Coffee: A Global History》, Reaktion Books, 2018.

Newburry, William, 〈The Caribbean, The Sage Encyclopedia of Corporate Reputation〉 (Craig E. Carroll 편집), Thousand Oaks: Sage, 2016.

Pérez, Louis A., 〈Cuba: Between Reform and Revolution〉, Oxford University Press, 2015, pp. 82, 286.

Popkin, Jeremy D., 〈You Are All Free: The Haitian Revolution and the Abolition of Slavery〉, Cambridge University Press, 2010.

Trouillot, Michel-Rolph, 〈Motion in the System: Coffee, Color, and Slavery in Eighteenth-Century Saint-Domingue〉, Review (Fernand Braudel Center), vol. 5, no. 3, 1982, pp. 331-388. JSTOR, www.jstor.org/stable/40240909 (열람일자: 2021.06.09).

Schroeder, Kira, 〈The Case of Blue Mountain Coffee, Jamaica〉, In: Guide to Geographical Indications: Linking Products and Their Origins, by Daniele Giovannucci, International Trade Centre, 2009, pp. 170-76.

Sheen, Barbara, 〈Foods of Cuba〉, Greenhaven Publishing LLC, 2010.

Siegel, P., & Alwang, J. R., 〈Export commodity production and broad-based rural development: coffee and cocoa in the Dominican Republic〉, World Bank, Agriculture and Rural Development Dept. and Latin American and the Caribbean Region, Rural Development Family, 2004, p. 36.

Terry, Thomas Philip, 〈Terry's Guide to Cuba: Including the Isle of Pinea, with a Chapter on the Ocean Routes to the Island; a Handbook for Travelers, with 2 Specially Drawn Maps and 7 Plans〉, Houghton Mifflin, 1926.

Ukers, William Harrison, 〈All About Coffee〉, Tea and Coffee Trade Journal Company, 1922, p. 8.

브라질

Armstrong, Martin, and Richter, Felix, 〈The Countries Most Addicted to Coffee〉, Statista Infographics, 01 Oct. 2020, www.statista.com/chart/8602/top-coffeedrinking-nations (열람일자: 2021.06.07).

Campbell, Dawn, and Smith, Janet L., 〈The Coffee Book〉, Pelican Publishing Company, 1993, p. 76.

〈Coffee Consumption and Industry Strategies in Brazil〉, A Volume in the Consumer Science and Strategic Marketing Series, Elsevier Science, 2019, p. 259.

〈Coffee Report 2020 Statista Consumer Market Outlook—Segment Report, Statista〉, 2020, www.statista.com/study/48823/coffee-report (열람일자: 2021.06.07)

Cole, Allan B., 〈Japan's Population Problems in War and Peace〉, Pacific Affairs, vol. 16, no. 4, 1943, pp. 397-417. JSTOR, www.jstor.org/stable/2752077 (열람일자: 2021.06.08).

De Bivar Marquese, Rafael, 〈African Diaspora, Slavery, and the Paraiba Valley Coffee Plantation Landscape: Nineteenth-Century Brazil〉, Review (Fernand Braudel Center), vol. 31, no. 2, 2008, pp. 195-216. JSTOR, www.jstor.org/stable/40241714 (열람일자: 2021.06.04).

Dicum, Gregory, and Luttinger, Nina, 〈The Coffee Book: Anatomy of an Industry from Crop to the Last Drop〉, New Press, 2012.

Engerman, Stanley L., 〈The Abolition of the Atlantic Slave Trade: Origins and Effects in Europe, Africa, and the Americas〉, University of Wisconsin Press, 1981, p. 291.

〈Engines in Brazil Use Coffee As Fuel〉, Popular Science Monthly, vol. 120, no. 4, Apr. 1932, p. 30.

Fridell, Gavin, 〈Coffee and the Capitalist Market. Fair Trade Coffee: The Prospects and Pitfalls of Market-driven Social Justice〉, University of Toronto, 2008, pp. 101-34.

〈Gas from the Low-Grade Coffee〉, The Canberra Times, 29 December 1932, nla.gov.au/nla, news-article2326815 (열람일자: 2021.06.07).

Hutchinson, Lincoln, 〈Coffee 'Valorization' in Brazil〉, The Quarterly Journal of Economics, vol. 23, no. 3, 1909, pp. 528-535. JSTOR, www.jstor.org/stable/1884777 (열람일자: 2021.06.04).

Jacobowitz, Seth, 〈A Bitter Brew: Coffee and Labor in Japanese Brazilian Immigrant Literature〉, Estudos Japoneses 41, pp. 13-30.

Minahan, James, 〈Ethnic Groups of North, East, and Central Asia: An Encyclopedia〉, ABC-CLIO, 2014, p. 59.

Nishida, Mieko, 〈Diaspora and Identity: Japanese Brazilians in Brazil and Japan〉, University of Hawaii Press, 2017.

Ottanelli, Fraser M. 외, 〈Italian Workers of the World: Labor Migration and the Formation of Multiethnic States〉, University of Illinois Press, 2001, p. 103.

Richard, Christopher, 〈Brazil〉, Marshall Cavendish, 1991.

Topik, Steven, 〈The World Coffee Market in the eighteenth and nineteenth Centuries, from Colonial to National Regimes〉, Working Papers of the Global Economic History Network (GEHN) (04/04), Department of Economic History, London School of Economics and Political Science, 2004.

Volsi, Bruno 외, 〈The Dynamics of Coffee Production in Brazil〉, PloS one, 23 July 2019, DOI:10.1371/journal.pone.0219742 (열람일자: 2021.06.05).

Woodyard, George & Vincent, Jon S., 〈Culture and Customs of Brazil〉, Greenwood Press, 2003, p. 85.

멕시코

Alexander, William I., 외 〈Neoliberalism and Commodity Production in Mexico〉, University Press of Colorado, 2012.

Gliessman, Stephen R. & Rosemeyer, Martha, 〈The Conversion to Sustainable Agriculture: Principles, Processes and Practices〉, CRC Press, 2010.

Jaffee, Daniel, 〈Brewing Justice: Fair Trade Coffee, Sustainability, and Survival〉, University of California Press, 2014, p. 38.

Kennedy, Diana, 〈The Essential Cuisines of Mexico〉, Clarkson Potter, 2009.

Long, Long Towell 외, 〈Food Culture in Mexico〉, Greenwood Press, 2005, p. 21.

Martinez-Torres, Maria Elena, 〈Survival Strategies in Neoliberal Markets: Peasant Organizations and Organic Coffee in Chiapas〉, 〈Mexico in Transition: Neoliberal Globalism, the State and Civil Society〉에서 인용, by Gerardo Otero, Fernwood Publ., 2007.

Nolan-Ferrell, Catherine, 〈Agrarian Reform and Revolutionary Justice in Soconusco, Chiapas: Campesinos and the Mexican State, 1934-1940〉,

Journal of Latin American Studies, vol. 42, no. 3, 2010, pp. 551-585. JSTOR, www.jstor.org/stable/40984895 (열람일자: 2021.06.11).

Otera, Adriana: Coffee Annual, 〈Mexico, US Department of Agriculture〉, Foreign Agricultural Service, May 2021, apps.fas.usda.gov/newgainapi/api/Report/DownloadReportByFileName?fileName=Coffee+Annual_Mexico+City_Mexico_05-15-2021.pdf (열람일자: 2021.06.11).

Perfecto, Ivette 외, 〈Coffee Landscapes Shaping the Anthropocene: Forced Simplification on a Complex Agroecological Landscape〉, Current Anthropology, vol. 60, no. S20, Aug. 2019, DOI:10.1086/703413, (열람일자: 2021.06.11).

Renard, Marie-Christine, and Breña, Mariana Ortega, 〈The Mexican Coffee Crisis〉, Latin American Perspectives, vol. 37, no. 2, 2010, pp. 21-33. JSTOR, www.jstor.org/stable/20684713 (열람일자: 2021.06.11).

Robertiello, Jack, 〈Drinking in the Flavors of Mexico〉, Américas, vol. 46-47, Organization of American States, 1994, p. 58.

Shapiro, Howard-Yana, and Grivetti, Louis E., 〈Chocolate: History, Culture, and Heritage〉, Wiley, 2011.

〈Simposium Política Mexicana〉: Mexico, Sociedad Mexicana de Geografía y Estadística, 1970.

Ukers, William Harrison, 〈All About Coffee〉, Tea and Coffee Trade Journal Company, 1922, p. 221.

폴리네시아

Crawford, J. C., 〈On New Zealand Coffee, In: Transactions of the Royal Society of New Zealand〉, J. Hector 편집, vol. 9, Royal Society of New Zealand, 1877, pp. 545-546.

Kinro, Gerald, 〈A Cup of Aloha: The Kona Coffee Epic〉, University of Hawai'i Press, 2003.

Landcare Research Manaki Whenua, 〈Plant Use Details of Coprosma robusta〉, Māori Plant Use Database, Ngā Tipu Whakaoranga Database, 2021, maoriplantuse.landcareresearch.co.nz, Record ID Number 1140 (열람일자: 23 May 2021).

McLintock, A. H. (ed.), 〈Crawford, James Coutts. In: An Encyclopaedia of New Zealand〉, Te Ara—the Encyclopedia of New Zealand, 1966, www.TeAra.govt.nz/en/1966/crawfordjames-coutts (열람일자: 2021.05.24).

Melillo, Edward D., 〈Boki's Beans: A People's History of Hawaiian Coffee〉, Honolulu Magazine, 27 May 2021, www.honolulumagazine.com/bokis-beans-apeoples-history-of-hawaiian-coffee (열람일자: 2021.06.15).

Roberts, Peter, and Trewick, Chad, 〈Specialty Coffee Transaction Guide 2020〉, 2020, www.transactionguide.coffee (열람일자: 2021.05.27).

Schmitt, Robert C., and Ronck, Ronn, 〈Firsts and Almost Firsts in Hawai'i〉, University of Hawai'i Press, 1995, p. 17.

Stanley, David, 〈South Pacific Handbook〉, Moon Publications, 1993, p. 126.

State of Hawaii Department of Agriculture Market Analysis and News Branch 외, 〈Coffee Acreage, Yield, Production〉, Price and Value State of Hawaii, 2020, May 2020, hdoa.hawaii.gov/add/files/2020/06/Coffee-Stats-2019_SOH-05.29.20.pdf (열람일자: 2021.05.27).

Tahiti Tourisme, 〈Tahiti Dining Fact Sheets〉, The Islands of Tahiti, 20 May 2020, tahititourisme.

com/en-us/media/fact-sheets/dining (열람일자: 2021.05.23).

일본

〈珍版横浜文明開化語辞典: 舶来語と漢字の出会い「宛字」集〉, Japan, 光画コミュニケーションプロダクツ, 2007, p. 38.

〈淹れる・選ぶ・楽しむコーヒーのある暮らし〉(池田書店), N. p. 株式会社PHP研究所, 2020, p. 22.

Amiami, 〈炭火焙煎したコーヒーの特徴〉, Coffee-mecca, 26 Sept. 2016, coffeemecca.jp/column/trivia/7850 (열람일자: 2021.06.08).

Brown, Kendall H., and Minichiello, Sharon, 〈Taishō Chic: Japanese Modernity, Nostalgia, and Deco〉, Honolulu Academy of Arts, 2001.

Buckley, Sandra, 〈Encyclopedia of Contemporary Japanese Culture〉, Routledge, 2009, p. 79.

Callow, Chloë, 〈Cold Brew Coffee: Techniques, Recipes & Cocktails for Coffee's Hottest Trend〉, Octopus, 2017.

〈Coffee Market in Japan〉, All Japan Coffee Association, July 2012, coffee.ajca.or.jp/wp-content/uploads/2012/07/coffee_market_in_japan.pdf (열람일자: 2021.06.08).

Cole, Allan B., 〈Japan's Population Problems in War and Peace〉, Pacific Affairs, vol. 16, no. 4, 1943, pp. 397-417, JSTOR, www.jstor.org/stable/2752077 (열람일자: 2021.06.08)

Diep, C., 〈Total Coffee Consumption in Japan from 1990 to 2019〉, Statista Infographics, 04 March 2021, www.statista.com/statistics/314986/japan-total-coffeeconsumption (열람일자: 2021.06.07).

Felton, Emma, Filtered, 〈Coffee, the Café and the 21st-Century City〉, Taylor & Francis, 2018.

Freeman, James, Caitlin Freeman, Tara Duggan, Clay McLachlan, and Michelle Ott, 〈The Blue Bottle Craft of Coffee: Growing, Roasting, and Drinking, with Recipes〉, Ten Speed, 2012, p. 88.

Leavenworth, J. Lynn, and Aikawa, Takaaki, 〈The Mind of Japan; a Christian Perspective〉, Judson Press, 1967, p. 105.

Lone, S., 〈The Japanese Community in Brazil, 1908-1940: Between Samurai and Carnival〉, Palgrave Macmillan UK, 2001.

Mackintosh, Michelle, and Wide, Steve, 〈Tokyo〉, Pan Macmillan Australia, 2018, p. 140.

Masterson, Daniel M., and Funada-Classen, Sayaka, 〈The Japanese in Latin America〉, University of Illinois Press, 2004.

Minahan, James, 〈Ethnic Groups of North, East, and Central Asia: An Encyclopedia〉, ABC-CLIO, 2014, p. 59.

Namba, Tsuneo & Matsuse, Tomoco, 〈A Historical study of coffee in Japanese and Asian countries: focusing the medicinal uses in Asian traditional medicines〉, Yakushigaku zasshi, vol. 37, 1, 2002, pp. 65-75.

Niehaus, Andreas & Walravens, Tina (eds.), 〈Feeding Japan: The Cultural and Political Issues of Dependency and Risk〉, Springer International Publishing, 2017, p. 182.

O'Dwyer, Emer Sinéad, 〈Significant Soil: Settler Colonialism and Japan's Urban Empire in Manchuria〉, Harvard U Asia Center, 2015, p. 49.

260

Rosa, David, 〈The Artisan Roaster: The Complete Guide to Setting Up Your Own Coffee Roastery Cafe〉, Amazon Digital Services LLC-KDP Print US, 2020.

Shurtleff, William & Aoyagi, Akiko, 〈History of Soynuts, Soynut Butter, Japanese-Style Roasted Soybeans (Irimame) and Setsubun (with Mamemaki) (1068-2012)〉, Soyinfo Center, 2012, p. 77.

Suzuki, Teiiti, 〈The Japanese Immigrant in Brazil〉, University of Tokyo Press, 1969, p. 12.

White, Merry, 〈Coffee Life in Japan〉, University of California Press, 2012, pp. 66, 96, 100.

Yoshikawa, Muneo & Hijirida, Kyoko, 〈Japanese Language and Culture for Business and Travel〉, University of Hawaii Press, 1987, p. 115.

베트남

Agergaard, Jytte, Fold, Niels & Gough, Katherine, 〈Global-Local Interactions: Socioeconomic and Spatial Dynamics in Vietnam's Coffee Frontier〉, The Geographical Journal, 175, 2009, pp. 133-145, DOI: 10.1111/j.1475-4959.2009.00320.x. (열람일자: 2021.05.21).

Bouillet, Marie Nicolas, 〈Cafetière. In: Dictionnaire universel des sciences, des lettres et des arts: avec l'explication et l'étymologie de tous les termes techn., l'histoire sommaire de chacune des principales branches des connaissances humaines, et l'indication des principaux ouvrages qui s'y rapportent〉, Hachette, 1855, p. 234.

Coste, Jean-François, 〈Almanach des gourmands: servant de guide dans les moyens de faire excellente chefe〉, 2권, Chez Maradan, 1805, p. 212.

D'haeze, Dave & Deckers, Jozef & Raes, Dirk & Phong, T. A. & Loi, H., 〈Environmental and Socio-Economic Impacts of Institutional Reforms on the Agricultural Sector of Vietnam Land Suitability Assessment for Robusta Coffee in the Dak Gan Region〉, Agriculture, Ecosystems & Environment, 105, 2005, pp. 59-76, DOI: 10.1016/j.agee.2004.05.009 (열람일자: 2021.05.21).

Doutriaux, S., Geisler, C., and Shively, G., 〈Competing for Coffee Space: Development-Induced Displacement in the Central Highlands of Vietnam〉, Rural Sociology, 73, 2008, pp. 528-554, DOI: 10.1526/003601108786471422 (열람일자: 2021.04.30).

Goscha, Christopher, 〈Vietnam: A New History〉, Basic Books, 2016, p. 157.

Heard, Brent & Trinh, Thi Huong & Burra 외, 〈The Influence of Household Refrigerator Ownership on Diets in Vietnam〉, Economics & Human Biology, 39, DOI: 10.1016/j.ehb.2020.100950. (열람일자: 2021.05.21).

Marsh, Anthony, 〈Diversification by Smallholder Farmers: Viet Nam Robusta Coffee〉, Food and Agriculture Organization of the United Nations, 2007.

McLeod, M. W., Dieu, N. T., Nguyen, T. D, 〈Culture and Customs of Vietnam〉, Greenwood Press, 2001, p. 128.

Meyfroidt, p. 외, 〈Trajectories of Deforestation, Coffee Expansion and Displacement of Shifting Cultivation in the Central Highlands of Vietnam〉, Global Environmental Change-human and Policy Dimensions 23, 2013, pp. 1187-1198.

Nguyen, Thuy Linh, 〈Childbirth, Maternity, and Medical Pluralism in French Colonial Vietnam, 1880-1945〉, University of Rochester Press, 2016, p. 160.

Peters, E. J., 〈Appetites and Aspirations in Vietnam: Food and Drink in the Long Nineteenth Century〉, AltaMira Press, 2012, p. 201.

Luna, Fátima & Wilson, Paul N., 〈An Economic Exploration of Smallholder Value Chains: Coffee Transactions in Chiapas, Mexico〉, International Food and Agribusiness Management Review, vol. 18, issue 3, 2015, p. 87.

싱가포르

Bernards, Brian C., 〈Writing the South Seas: Imagining the Nanyang in Chinese and Southeast Asian Postcolonial Literature〉, University of Washington Press, 2015.

Chang, Cheryl & McGonigle, Ian, 〈Kopi Culture: Consumption, Conservatism and Cosmopolitanism among Singapore's Millennials〉, Asian Anthropology, 19:3, 2020, pp. 213-231, DOI: 10.1080/1683478X.2020.1726965 (열람일자: 2021.05.20).

Eng, Lai Ah, 〈The Kopitiam in Singapore: An Evolving about Migration and Cultural Diversity〉, Asia Research Institute Working Paper No. 132, 2010, papers.ssrn.com/sol3/papers.cfm?abstract_id=1716534 (열람일자: 2021.04.07).

Vaughan, J. D. Vaughan, 〈The Manners and Customs of the Chinese of the Straits Settlements〉, Mission Press, 1879

Yap, M. T., 〈Hainanese in the Restaurant and Catering Business. In: Chinese Dialect Groups: Traits and Trades〉, T. T. W. Tan 편집, Opinion Books, 1990, pp. 78-79.

한국

BAE, Jung Sook, 〈Consumer Advertising for Korean Women and Impacts of Early Consumer Products under Japanese Colonial Rule〉, Icon, vol. 18, 2012, pp. 104-121, JSTOR, www.jstor.org/stable/23789343 (열람일자: 2021.04.15).

Griffis, William Elliot, 〈Corea, the Hermit Nation〉, Cambridge University Press, 2014.

Hundt, David & Bleiker, Roland, 〈Reconciling Colonial Memories in Korea and Japan〉, Asian Perspective, vol. 31, no. 1, special issue on "Reconciliation between China and Japan," The Johns Hopkins University Press, 2007, pp. 61-91.

Lancaster, William Scott, and Sun, Jiaming, 〈Chinese Globalization: A Profile of People-based Global Connections in China〉, Routledge, 2013, p. 126.

Lowell, Percival, 〈Chosön, the Land of the Morning Calm: a Sketch of Korea〉, Boston, Ticknor and Company, 1886.

Park, Young-soon, 〈커피인문학: 커피는 세상을 어떻게 유혹했는가?〉, 2017.

Sangmee, Bak, 〈Reinventing Korean Food: National Taste and Globalization- From Strange Bitter Concoction to Romantic Necessity: The Social History of Coffee Drinking in South Korea〉, Korea Journal 45/2, 2005.

Williams, LT. COL. Alex N., 〈Subsistence Supply in Korea〉, Q. M. C Quartermaster Review, January-February 1953.

북유럽

Albala, Ken, 〈Food Cultures of the World Encyclopedia〉, Greenwood, 2011, p. 313.

Åreng, Emil, 〈Kaffekask: Från rätypisk Nationaldryck till Lyxdrink〉, Kafferosteriet Koppar AB, 4 Mar, 2019, www.kafferosterietkoppar.se/info/proffsets-kaffekask-recept/ & gt (열람일자: 2021.06.06)

Brones, A. & Kindvall, J.: Fika, 〈The Art of the Swedish Coffee Break, with Recipes for Pastries, Breads, and Other Treats〉, Ten Speed Press, 2015, p. 3.

Cederström, B. M., 〈Folkloristic koinés and the emergence of Swedish-American ethnicity〉, Nordic Yearbook of Folklore, V. 68, 2012, pp. 121-150.

Charrier, André & Berthaud, Julien, 〈Botanical Classification of Coffee〉. In: Coffee: Botany, Biochemistry and Production of Beans and Beverage, ed. by M. N. Clifford & K. C. Willson, The AVI Publishing Company, Inc., 1985, pp. 13-47.

Dregni, Eric: Vikings in the Attic: In Search of Nordic America, University of Minnesota Press, 2013.

Fox, Killian: The Gannet's Gastronomic Miscellany, Octopus, 2017.

Harbutt, Juliet: World Cheese Book, DK Publishing, 2015, p. 251.

Hatt, Emilie Demant & Sjoholm, Barbara, 〈With the Lapps in the High Mountains: a Woman among the Sami, 1907-1908〉, The University of Wisconsin Press, 2013.

Hodacs, Hanna, 〈4 Coffee and Coffee Surrogates in Sweden: A Local, Global, and Material History〉. In: Locating the Global, Holger Weiss 편집, De Gruyter Oldenbourg, 2020, pp. 73-94, DOI: 10.1515/9783110670714-004 (열람일자: 2021.05.13).

Koerner, Lisbet, 〈Linnaeus: Nature and Nation〉, Harvard University Press, 2009, p. 130.

Kolbu, Chris & Wuolab, Anne, 〈Saami Coffee Culture〉. In: Indigenous Efflorescence: Beyond Revitalisation in Sapmi & Ainu Mosir, Gerald Roche 외 편집, ANU Press, 2018, pp. 205-208, JSTOR, www.jstor.org/stable/j.ctv9hj9pb.32 (열람일자: 2021.05.19).

Lagerholm, J., 〈Hemmets läkarebok, popular medicinsk rådgivare för friska och sjuka: med över 200 illustrationer en mångfald färgtrycksplanscher samt 5 isärtagbara modeller, receptbok till bruk for hemmet, ordlista över medicinska termer ock uttryck, förslag till husapotek, stort uppslagsregister〉, Fröléen, 1924, p. 212.

Lintelman, Joy K., 〈A Hot Heritage: Swedish Americans and Coffee〉, Minnesota History, 63/5, Spring 2013, pp. 190-202.

Müller, Leos, 〈Kolonialprodukter i Sveriges handel och konsumtionskultur〉, 1700-1800, Historisk tidskrift, 124, 2004, pp. 225-248.

Rolnick, Harry, 〈The Complete Book of Coffee〉, Melitta, 1986, p. 76.

Ukers, William Harrison, 〈All About Coffee〉, Tea and Coffee Trade Journal Company, 1922, p. 290.

Perry, Sara, 〈The New Complete Coffee Book: A Gourmet Guide to Buying, Brewing, and Cooking〉 Chronicle Books, 2003.

Preedy, Victor, 〈Coffee in Health and Disease Prevention〉, Elsevier Science, 2014, p. 266.

Reindeer Cheese, Ark of Taste, Slow Food Foundation for Biodiversity, www.fondazioneslowfood.com/en/ark-of-taste-slow-food/reindeer-cheese (열람일자: 2021.05.).

Samisk mat, Exempel på mattraditioner somgrund för det moderna samiska köket, The Sami Parliament, May 2010, www.samer.se/3539 (열람일자: 2021.05.21).

Sider, Gerald M., 〈Skin for Skin: Death and Life for Inuit and Innu〉, Duke University Press, 2014, p. 5.

〈Sønderjysk Kaffebord〉, Visit Sønderjylland, 2021, www.visitsonderjylland.dk/turist/oplevelser/en-bid-af-soenderjylland/soenderjysk-kaffebord (열람일자: 2021.06.15).

Wright, George Frederick & Upham, Warren, 〈Greenland Icefields and Life in the North Atlantic: With a New Discussion of the Causes of the Ice Age〉, K. Paul, Trench, Trübner & Company Limited, 1896, p. 130.

사진 출처 & 전문가

pp. 237, 243, 246 (top), 247 – 251
Elena Shamis,
elensham.com
p. 238
David Post,
david-post.com
pp. 241 – 242, 244 – 245
Paweł Garski, Alamy Stock Photo
p. 246 (bottom)
Charlie Bennet,
charliebennet.com
p. 253

용어집

Gunvor Eline Eng Jakobsen,
gunvorejakobsen.no
pp. 255
David Post,
david-post.com
pp. 256

전문가

거주하는 나라의 커피 문화와 전통에 대한 시각에 대해
검토 및 번역, 편집해서 제공해 준 다음 전문가들이
아니었다면 이 책은 세상에 나오지 못했을 것이다.
*이름은 원어 그대로를 실었다.

아라비안 반도

Anda Greeney
하버드 대학교 석사 수료생, 예멘 커피 전공; Al Mokha
onlin e coffee shop 운영

Abdullah Bin Nasser Bin Kulayb
Qahwa championships 심사위원,
사우디아라비아 소재 Knoll Coffee Roasters와
Kooz Al Qahwa Coffee Roasters 공동설립자
Youness Marour and Olivia Curl
아랍어 번역

브라질

Dr. Seth W. Garfield
텍사스대학교 오스틴캠퍼스 브라질 역사, 환경사 교수

에티오피아

Dr. Éloi Ficquet
인류학자 및 역사학; 파리 사회과학고등연구원
(EHESS); 아디스아바바 소재 에티오피아
연구소 소장; 《A French-Amharic Dictionary》 저자

일본

Dr. Merry White
보스턴 대학교 인류학 교수; 일본 음식, 여행 등의
전문가; 《Coffee Life in Japan》 저자

인도

Dr. Bhaswhati Bhattacharya
《Much Ado About Coffee》 저자;
괴팅겐 대학교 인도 사회 역사 분야 선임연구원

인도네시아

Adi Taroepratjeka
Coffee Story Show 호스트, 인도네시아의
첫 커피감정사(Q Grader), 커피 교육자

한국

Dr. Jia Choi
음식 문화 연구자, 역사학자, 상담가,
이화여자대학교 영양학

Jung Gee
《월간 커피》 편집자

멕시코

Dr Steffan Igor Ayora Diaz
유카탄 자치대학교 인류학 교수

Dr. Casey Lurtz
존스 홉킨스 대학교 역사학 부교수; 《From the
Grounds Up: Building an Export Economy in
Southern Mexico》 저자

북유럽

Linda Sandvik
Nordic Approach 근무 경력

폴리네시아

Shawn Steiman
하와이 커피 컨설턴트

싱가포르

Dr. Khairudin Aljunied
싱가폴 국립대학교 말레이 계열의 지적,
사회적 역사학 부교수

Robert Chohan
영국 Kopi House 운영

스페인

Kim Ossenblok
커피 컨설턴트 및 작가, 《¡AL GRANO!》 저자

탄자니아

Dr. Ned Bertz
하와이 대학교 남아시아, 아프리카,
인도양 역사학 부교수

Noreen Chichon and Thomas Plattner
우텡굴레 지역 / 잔지바르 커피 회사 커피 전문가

튀르키예

Dr. Hakan Karateke
시카고 대학교 오스만, 튀르키예 문화,
언어 및 문학 교수

베트남

Erica J. Peters
음식 역사학자; 《Appetites and Aspirations in
Vietnam: Food and Drink in the Long Nineteenth
Century》 저자; the Culinary Historians of
Northern California 공동 창업자 및 이사

Trần Hân
베트남 국제 바리스타 챔피언

예멘

Faris Sheibani
예멘 중심 생두 무역자 및 Qima Coffee 창업자

Anda Greeney
하버드 대학교 석사 수료생, 예멘 커피 전공; Al Mokha
online coffee shop 운영

커피 로드
Coffee Road

Original title: Spill the Beans
Edited and designed by gestalten
Contributing editor: Lani Kingston
Concept, text, and recipes by Lani Kingston
Recipe testing and editing by Rachel V Kingston
Captions by Anna Southgate
Edited by Robert Klanten and Andrea Servert
Illustrations by David Sparshott (pp. 10–21, 24–25)
Copyright © 2022 by Die Gestalten Verlag GmbH & Co. KG

ISBN : 978-89-314-6956-1

This Korean edition was published by Youngjin.com in 2023 under license from Die Gestalten Verlag GmbH & Co. KG arranged through Hobak Agency.
이 책은 호박 에이전시(Hobak Agency)를 통한 저작권자와의 독점계약으로 도서출판 영진닷컴에서 출간되었습니다. 저작권법에 의해 한국 내에서 보호를 받는 저작물이므로 무단전재와 복제를 금합니다.

독자님의 의견을 받습니다.
이 책을 구입한 독자님은 영진닷컴의 가장 중요한 비평가이자 조언가입니다. 저희 책의 장점과 문제점이 무엇인지, 어떤 책이 출판되기를 바라는지, 책을 더욱 알차게 꾸밀 수 있는 아이디어가 있으면 팩스나 이메일, 또는 우편으로 연락주시기 바랍니다. 의견을 주실 때에는 책 제목 및 독자님의 성함과 연락처(전화번호나 이메일)를 꼭 남겨 주시기 바랍니다. 독자님의 의견에 대해 바로 답변을 드리고, 또 독자님의 의견을 다음 책에 충분히 반영하도록 늘 노력하겠습니다.

주　소 : (우)08507 서울특별시 금천구 가산디지털1로 128 STX–V타워 4층 401호
이메일 : support@youngjin.com
※ 파본이나 잘못된 도서는 구입처에서 교환 및 환불해드립니다.

STAFF
저자 라니 킹스턴 | **번역** 황호림 | **총괄** 김태경 | **진행** 윤지선 | **디자인·편집** 김유진
영업 박준용, 임용수, 김도현 | **마케팅** 이승희, 김근주, 조민영, 김민지, 김도연, 김진희, 이현아 | **제작** 황장협 | **인쇄** 제이엠